O último minuto custa a chegar,
mas é maravilhoso

O *último minuto custa a chegar, mas é maravilhoso*

Victor Toscano

© Moinhos, 2018.

Edição:
Camila Araujo & Nathan Matos

Assistente Editorial:
Sérgio Ricardo

Revisão:
LiteraturaBr Editorial

Diagramação e Projeto Gráfico:
LiteraturaBr Editorial

Capa:
Sérgio Ricardo

1ª edição, Belo Horizonte, 2018.

*Nesta edição, respeitou-se o novo
Acordo Ortográfico da Língua Portuguesa.*

Dados Internacionais de Catalogação na Publicação (CIP) de acordo com ISBD

T713u
    Toscano, Victor
        O último minuto custa a chegar, mas é maravilhoso / Victor Toscano.
    Belo Horizonte : Moinhos, 2017.
    92 p. ; 14cm x 21cm.
    ISBN: 978-85-92579-97-5
    1. Literatura brasileira. 2. Contos. I. Título.

2018-621
                                              CDD 869.8992301
                                              CDU 821.134.3(81)-34

Elaborado por Vagner Rodolfo da Silva — CRB-8/9410

Índice para catálogo sistemático:
1. Literatura brasileira : Contos 869.8992301
2. Literatura brasileira : Contos 821.134.3(81)-34

Todos os direitos desta edição reservados à
Editora Moinhos
Belo Horizonte | Minas Gerais
editoramoinhos.com.br | contato@editoramoinhos.com.br

Sumário

Um montinho de ossos 9
Primeiro amor 18
A hora do pai 35
Uma noite tão linda para praticar autotomia 51
Oito de dezembro 55
O último minuto custa a chegar,
mas é maravilhoso 65

Às vezes imagino um mapa-múndi aberto
e você estendido transversalmente sobre ele.
Franz Kafka

Um montinho de ossos

Até as gengivas começavam a dormir de tédio quando avistou o filho, mais quieto que de costume, entregue a divertimento solitário. Pai chegou perto, e depois mais perto: o menino compunha dísticos num papel. Em cada um deles, verificava-se a rima com os tons de verde espiados ali na grama. Lima, esmeralda, aspargo, verde-chá. Divertido rimar com chartreuse. Inventava tons: remela, inchado, verde-sapo. Verde-coração-quando-vou-à-escola ou ave-depenada; verde-casca-desprende-da-sola ou vejo-amiguinha-pelada. Antes de aplicar-lhe pequenina bofetada, Pai vislumbrou honrarias que dos amigos receberia caso pusesse sentado aquele garoto a rabiscar perdigotos. Verde-também-eu-sou-ratinho-de-esgoto.

Laçou o menino pelo pescoço e o pôs num banquinho na garagem. O filho procurou mapear os tons de verde na caixa de ferramentas, na ferrugem do carro, no mofo das paredes. Restou entristecer-se: em tudo que via não se via verdes. Pai revirou o entulho na busca de material adequado, tinha um brilho renovado no olhar. Qual parafuso o mais correto para algo assim confuso? Mas o filho continuava falando consigo mesmo, baixinho, um mosquitinho — difícil concentrar desse jeito! Sem se afetar, seguiu com as leituras, desenhos e cálculos.

De um lado deve ficar a mola principal, esta dá conta da força com a qual o braço se move de uma posição à outra. A mola Z se comporta como mola de força constante. Não se esqueça de que o eixo da viga deve permanecer sempre plano; de outra forma — amadores erram bastante aqui —, o deslocamento lateral nulo e deslocamentos verticais sofrerão distorções na mesma secção transversal.

Verde-eu-vejo-e-quero-contar.

Implementada a relação constitutiva linear elástica, o centro do peito não apresentará alterações, ponto a partir do qual a mola Z obedece a natureza do mecanismo idealizado. Verde-é-estranho-de-sentar.

As lâminas, todavia, podem se comportar de modo imprevisto se não for considerada a linearidade geométrica. As lâminas, todavia, que belas! Mas aquele ruído! Um cochicho calamitoso de camundongo. Por onde entravam os ratinhos? Ah, era o filho que insistia em falar baixinho. Sussurrava que queria sair, rimar a grama, que era lindo como as folhas absorvem qualquer cor.

A gente não enxerga outras cores em nossa onda de comprimento visível, Pai, dizia com os bracinhos tremelicando no ar, só aparece o verde. De tantas coisas, uma só. De tantas só uma!, repetia o disco quebrado. Das cores possíves, uma eleita e refletida. E esses tons distintos são formados por detritos, Pai!, ruínas das cores que não conseguimos ver: alguém precisa lembrar delas. De tantas coisas! As mãozinhas rebolindo a esmo como espermatozóides bêbados. Não dava para usar aquelas mãos, ele tinha que dar um jeito também nas mãos. Uma coisa só não pode ser, Pai! Nunca na vida falara tanto de uma só vez. Uma aporrinhação, para dizer o mínimo. Pai pregou-lhe os lábios com um pinador pneumático e — deus é Pai! — teve um pouco de paz para pensar.

Estava claro que o projeto exigiria mais tempo e dedicação do que o previsto. Não era nada simples. Mas qualquer coisa que valha a pena nesta vida exige esforço. Primeiro testou alguns movimentos de braço com o garoto, depois mexeu a cabeça como podia; pescoço ficava emperrando e era preciso imprimir maior força. Face inclinada para baixo, face que se levanta e fita o interlocutor. Quando estiver escrevendo os versos, é necessário que seus olhos se movimentem em paralaxe, sugerindo que há pensamento por trás deles. Que fazer, que fazer? Havia mais problemas à vista. A princípio, o filho permaneceu quieto, mas após a terceira bateria de coreografias com os membros superiores ele não queria mais parar de se mexer. Tentava se desvencilhar dos braços de Pai como uma baratinha sob um seixo, reação que não surpreendia nem um pouco. O filho, a bem da verdade, nunca fora muito de colaborar. Enfiou-lhe por ali alguns arames, imobilizando-o.

Utilizando todos os pregos de que dispunha, logo percebeu que não tinha na garagem material suficiente. Um desleixo, ele mesmo admitiria, mas é o que acontece quando a ideia é tão empolgante: o desejo de vê-la realizada passa a obstar o trabalho diligente. Amarrou o menino para que ele não colocasse a perder tudo que já tinha sido feito e saiu às compras. Retornou. Recomeçou. Preparou novos metros de arame recozido, estocou espuma industrial, engrenagens, pinhões e coroas, parafusos, roldanas galvanizadas, roquetes e polias; estudou com maior atenção cada passo que dali em diante daria.

Também as modalidades de fabricação das lâminas podem ser responsáveis pelo súbito desvio de comportamento da mola. Entre uma secção e outra, há que se verificar o raio de curvatura das lâminas: pode haver variações de tensão residual na estrutura. A mãe chegava perto da garagem — via-se sua testa e olhos no limiar da porta — para perguntar o que significava toda aquela agitação.

— Uma grande ideia. Simples, na verdade, até óbvia como são todas as grandes ideias. Estou construindo algo útil — dizia sem se virar, repuxando fios de cabelo do menino. Segundos depois não lembrava por que estava fazendo aquilo, e se punha a colar os fios de volta na cabeça dele.

Raspou as sobrancelhas da coisa, desenhou no lugar gaivotas circunflexas para conferir-lhe efeito dramático. Irritado ao reparar num erro tolo, bateu com força e repetidas vezes a cabeça contra a parede; descobriu que atribuíra valor incorreto a um ângulo, resultando num cálculo completamente inútil. Outro problema: o movimento circular realizado pelas engrenagens mostrou-se desgraçadamente não humano. A velocidade com que girava o tronco do garoto propulsado pelas polias também provou ser um problema. Pai buscou doses de determinação e resiliência até onde não imaginava haver. Adormecia debruçado sobre livros de física, mecânica e carpintaria, na embolorada biblioteca municipal. Semanas passaram-se. Tinha pesadelos horrorosos: todos os amigos rasgando-se em gargalhadas diante da invenção falida. Como podia ser, rir daquele feito que sem dúvida assombraria reis e imperadores? Sobressaltado, caía da cadeira, fazendo resmungar os desocupados que liam literatura, essa gentinha que, se não merece exatamente morrer, bem que podia rolar escada abaixo e quebrar umas pernas.

Então houve o dia em que Pai sumiu. Polícia foi acionada. Família ficou alarmada. Mãe perdeu mais cabelo. Passou-se um mês inteiro sem notícia de seu paradeiro. No final das contas, foi encontrado dormindo no quartinho dos fundos de uma igreja a quatrocentos quilômetros de sua cidade, onde fora um dia, segundo relataram moradores locais, confessar os pecados.

(Conta-se que chorava sem parar quando apareceu por ali, e escondia o rosto de quem quer que encontrasse. Suplicava perdão pelo parco conhecimento que possuía de física, mas jurava haver compreendido a Lei de Hooke.)

O quarto oferecido pelo pároco, comovido com o homem que não parava de falar sobre sua invenção — espécie de robô formidável —, era modesto, afeito à atividade intelectual. Pai morou ali por três semanas, onde leu duas edições em francês sobre a vida e obra de Pierre Jaquet-Droz e aderiu a caminhadas meditativas.

Um dia decidiu voltar para casa. Era necessário recomeçar. Um gênio, afinal de contas, se reconhece pela sua recusa em aceitar a derrota. Enfurnou-se na garagem, que estava entulhada de destroços e papelada; meteu-se no projeto. Ficou contente ao constatar que o menino não se movera durante aquelas semanas de terríveis atribulações — enfim um pouco de colaboração.

Deteve-se um instante a pensar, encarou o rosto do objeto, que àquela altura não se parecia mais com nada. Pai ficou chocado com o que fizera. Como era possível? Cometera mais um erro imperdoável. Mais um! Levou a mão à testa e apanhou folhas de papel rabiscadas. Erro tão banal! Lapso ainda mais tolo do que errar valor num ângulo qualquer. Não há tensão suficiente nas cordas para mover os membros da coisa, pensou. O amadorismo desse episódio fez Pai ruborizar, e com efeito olhou em redor para ter certeza de que não havia por perto detratores anotando tudo. A fim de recomeçar, abanou de si o pó dos destroços. Verde-não-sou-mais-que-um-montinho-de-ossos.

Equívoco reparado, o trabalho transcorreu como se aquelas partes indistintas de carne, espuma de poliuretano, cartilagem e molas compusessem um painel utilitário extremamente simples de se manusear.

Chamou a mãe para participar do primeiro teste.

— Faço o quê?

— Dá uma palavra, vai. Uma palavra que você gosta. Anda, dá uma palavra, escreve nesse pedaço de papel e passa pro autômato.

— Pro quê?

— Autômato. É assim que chama, merda! Não dá pra ficar explicando cada coisinha. Anda, escreve aí no papel uma palavra que você acha bonita.

A mãe fez cara feia; invencionice demais aquela coisa toda. Mas era melhor escrever qualquer coisa logo — fogão estava ligado. Fogão, eis a palavra. Passou o papel para o autômato, que improvisou, em menos de oito segundos completos, um dístico.

— Pega. Lê. Vê o que saiu.

— Meu filho, meu filhinho — disse a mãe depois de lê-lo. — Mas você é um poeta, meu filho. Que coisa linda, que coisa bela!

— Não é filho. É autômato. Ê mulherzinha cafona! E fui eu que fiz, tá? Essa rima aí é minha. Vai, vai, sobe lá, tenho muito que arrumar por aqui.

A mãe se retirou da garagem não sem antes, emocionada que estava, dar um beijo na testa do autômato, peculiarmente gélida.

Sem perder tempo Pai começou a pôr no caderno os planos para a turnê estadual. Não quis esperar o dia seguinte para mostrar aos amigos o que havia realizado. Eles andavam muito curiosos, metendo os narizes por cima do muro para ver o que se passava; andavam telefonando para bater papo com a mãe, casualmente deixando escapar perguntas do tipo: Pai anda bem de saúde? Ele voltou a beber? Ou então: É verdade que Pai sofreu um surto amnésico e foi bater no Paraguai? Verdade que virou protestante? Ou ainda, a mais ousada: O que ele anda fazendo na garagem?

Marcou por telefone encontro na casa de um deles, o amigo da churrasqueira. Decidiu guardar o autômato dentro do carro. Problema à vista. O engenho não cabia no banco traseiro, muito menos no porta-malas. Pense, pense. Ora, nunca vi autômato com pernas, você já? Pai pegou um serrote e cortou fora as pernas do dispositvo, inúteis à função designada. Foi trabalhoso, é preciso dizer. Para cada centímetro dentro da coxa ia uns sete movimentos de vai e volta. Suou muito. E quando chegou no osso? Melhor nem comentar. Ao final da tarefa, exausto, cochilou no carro com o rosto no volante.

Levou enfim o autômato à primeira exibição, coisa que se mostrou, ao menos no começo, fonte de muito prazer. Pai havia acoplado um andador com rodinhas ao corpo do aparelho. Com a ajuda de mais um colega, o autômato foi rolado até o quintal, e lá cuidadosamente posicionado distante da churrasqueira — Pai contou que acabara de passar nele mais uma mão de verniz e não o queria perto do fogo, zelo percebido como descabido pelos amigos. A picanha estava suculenta.

— Mas então, o que é isso aí?
— Isso, isso é um autômato poeta.
Não houve reação. Os amigos não conheciam aquela palavra. E também não entenderam bem o que queria dizer autômato.
— Um autômato é como, como um robô.
— Ah, sim! Um robô. Muito bem!
— Esplêndido.
— Fascinante!
— Um robô é sempre muito útil!
— Convém ter um desses quando a grama precisa ser aparada.
— Quando o carro não dá partida!
— Quando a mulher está brava!
Horda de patetas! Pai previra tudo aquilo.
— Você, vem. Dá uma palavra. Escreve aqui uma palavra para o autômato.
— O que ele vai fazer?
— Ele vai criar uma rima cheia de reflexão e espirituosidade. Um verso lindo de se ver. Anda, pensa uma palavra e escreve no papel.
O amigo escreveu Dois. Entregou o papelzinho. O autômato magicamente moveu-se. Sua mão produzia gestos precisos, graciosos até. Compôs o dístico, logo apreciado pelos amigos, cujos beiços esticaram-se ao limite da mais heroica contorção labial.
— Que máquina fabulosa!
— Obrigado. Costumava ser meu filho.
— Hum. Sim, guarda mesmo certa semelhança.
— Não vejo.
— Magnífico! Imagino a trabalheira que deu.
— Não mexi no cérebro, todo o resto necessitava reformulação.
Os outros queriam contribuir com suas palavras. Tal. Tal. Tal. E tal. E tal e coisa. E depois de alguns minutos, da mes-

ma maneira inelutável com a qual dia vira noite, o truque perdera a graça.

— Mas ele só faz isso?
— Que quer dizer?
— A máquina só faz isso? Só faz escrever esses versos?
— Mas isso é inimaginável, não percebe? Isso é embasbacante.
— Não é tão impressionante assim.
— E o que você gostaria que ele fizesse?
— Não sei. Ele poderia... Dançar.
— Sua besta, não vê que ele não tem pernas!
— Hum, é mesmo.
— Ele poderia fazer algo mais... útil — disse um outro.

Pai não quis dar ouvidos ao comentário conquanto o homem continuasse.

— Sabe o que o seu robô poderia fazer? Virar a picanha na churrasqueira. Ah! Tô pra ver um robô que vire a picanha na churrasqueira.

— Mas será que você, que vocês são tão burros? Virar o lado de um pedaço de carne não requer criatividade. Não veem que criei um autômato que usa da criatividade? Ninguém fez isso! Olhem, olhem só isso aqui!

E passou um pedaço de papel para o autômato no qual havia escrito Criatividade.

— Olhem. Aqui. Aqui. *Falando de coisas que não vêm com a idade. Afeto, bom senso e criatividade.* Não é somente um robô, estão vendo?

— Ou então! Ou então! Ou então um robô com barriga de geladeira.

— Com lâminas nos pés! Poderia cortar a grama enquanto dança.

— Ou então! Ou então.
— Um robô goleiro.
— Um robô cozinheiro.
— Um robô que se transforma numa motoneta. Vruuuuum!
— Um robô pra mostrar na igreja.

— Para quando a mulher está brava!
— Ou então! Ou então!
Pai percebeu rapidamente o enorme erro que cometera. Largou-se inconsolável numa cadeira enquanto os amigos disparavam ideias de como salvar a empreitada, uma melhor do que a outra. Algumas das ideias acertaram em cheio o coração de Pai; eram inteiras, redondas, eram belas em seu ideal imaculado de utilidade. Agarrou uma garrafa de cerveja. Bebeu do gargalo. Falhara. Ao manter viva uma parte do menino dentro do autômato Pai assegurara o obrigatório fracasso do projeto. Vivendo e aprendendo, vivendo e aprendendo, sentenciou, com queixo erguido e olhar projetado às estrelas. Abriu a cabeça do autômato e, após remexer o conteúdo, atirou longe o cérebro mole. O pedaço se partiu como gelatina ao atingir a calçada. Não demorou, um cachorro apareceu para lamber os restos. Pronto!, disse, amanhã começa a latir rimando. Deu uma gargalhada gostosa e adormeceu.

Primeiro amor

8 de julho, 1992

Papai falou pra eu fazer um diário da nossa viagem em Foz do Iguaçu. Ele disse pra eu anotar tudo e mostrar como ficou no final da viagem. Ele disse que é um documento. A gente acabou de chegar no hotel e aí agora eu tô escrevendo as nossas aventuras. Eu tô na cama. É um colchão que Papai pediu na recepção. Minha mãe já tá dormindo e roncando. A gente já foi na Argentina, em Porto Alegre e aqui. Mas eu só comecei a escrever agora porque Papai só deu a ideia agora.

Aí hoje ainda não aconteceu nada porque a gente acabou de chegar. Mas teve uma coisa já. Eu acabei de chegar e já sou um herói. Quer dizer assim quase. É porque eu tava na borda da piscina enquanto meus pais resolviam o quarto na recepção e chegou um menino e uma menina mais ou menos da minha idade. Eu não sei o nome deles. Eles falaram para mim assim foi você que separou a briga né? E aí eu perguntei que briga. E aí o menino falou a briga que teve hoje de tarde que eu vi você separando. Ia ter porrada mesmo. Aí depois a menina falou você é um herói.

Eu fiquei calado porque eu não sabia mesmo o que dizer. Mas aí eu dei um sorriso. E eles saíram logo. Eu não quero encontrar eles de novo porque aí eles podem lembrar quem foi que separou a briga de verdade e eu quero continuar sendo um herói. Mas agora eu já vou lá dormir. Então agora tchau.

9 de julho, 1992

Hoje eu conheci Mayara. Ela é a filha do tio Fernando e tia Soraya. Eles moram em Santa Catarina. Papai disse que tio Fernando é amigo dele já faz tempão. Eu já conheço eles mas eu não conhecia Mayara porque ela nunca foi com os pais dela pra lá onde eu moro. Ela nem sabia que Pernambuco é um estado. E nem sabia o nome da minha cidade. Mas é que ela é da terceira série e eu já sou da quarta e aí eu sei mais coisa. Ela come pouquinha coisa. Só comeu ovo e torrada e suco de laranja. Ela não sabe aproveitar o hotel. Mayara não quis tomar banho de piscina também. Eu fui mas eu fiquei com medo de encontrar os meninos que acham que eu sou um herói. Mayara precisa saber que eu sou um herói. Mas aí tem que achar os meninos que falaram e aí eles podem lembrar quem foi que separou a briga de verdade. Aí é melhor não. Mayara é bonita. O diário vai ser meu agora. Eu não vou mais mostrar no final da viagem. É melhor porque aí eu posso dizer melhor as aventuras.

Papai disse que a gente vai ver as cataratas só amanhã. Eu quero muito ver. Eu só vi as cataratas na TV e na recepção. Tem um montão de fotos e quadros na recepção do hotel e é muito bonito. Chega dá vontade de ir ver. É muito bonito. Minha mãe dormiu demais e perdeu o café da manhã. Ela é como Mayara. Ela come pouco e não sabe aproveitar o hotel. Papai ficou bebendo com tia Soraya e tio Fernando.

Hoje não teve muita coisa porque o hotel tá um pouco vazio. Eu fiquei jogando totó na sala de jogos. Toda vez que aparecia alguém eu me abaixava porque podia ser os meninos que acham que eu sou um herói. Aí eu olhava as pernas e sabia se era eles ou não. Aí essa aventura foi fera. Depois eu fiquei andando pelo hotel. Aí descobri uma parte que tem uns animais e é muito fera. Tem peixe e tartaruga e pavão mas o que mais tem é passarinho na gaiola. Aí tem um muito bonito que é todo azul e um pouco cinza. Aí não sei por que eu lembrei da minha escola porque lá tinha um passarinho que ficou muito muito muito muito doido mesmo. Mas eu não lembro bem direito por que ele ficou doido.

Eu só vi Mayara de manhã na hora do café da manhã. Ela ficou no quarto dela o dia todo eu acho. Nem quis ficar com os pais. Eu nunca vi ninguém tão branca como ela. E o cabelo dela é muito amarelo parece com a gema que tava no prato dela. Eu nunca vi um cabelo assim. Foi a mãe dela que me apresentou a ela mas Mayara nem falou comigo. Teve uma hora que ela deixou um pedaço do ovo cair nela. Aí a mãe dela riu e limpou. Ela riu bem pouquinho. Na verdade ela é muito bonita.

Quando ficou de noite Papai interfonou pro quarto e pediu pra eu descer. Aí quando eu cheguei ele falou que era pra eu ajudar a levar as coisas pro quarto. Mas ele não saiu logo aí mandou eu sentar. Aí ele ficou conversando com tio Fernando. Mas tio Fernando tava com muito sono já. Aí Papai ficava contando piada e tio Fernando tava de olho fechado. Aí Papai perguntava se ele tava dormindo e tio Fernando falava que não mas continuava com o olho fechado. Aí era muito muito engraçado. Papai ficava abrindo latas de cerveja com um canivete que ele tem na chave e era fera. Aí Papai contou uma piada bem engraçada do homem que caçava tatu com um bujão de gás. Foi fera. Eu não lembro da piada toda aí nem posso escrever no diário porque vou me complicar pra saber como era mas era muito engraçada mesmo. Aí no meio da piada tio Fernando roncou e a gente riu mais ainda. Aí quando a gente riu bem alto no final da piada tio Fernando se assustou e deixou cair o copo de bebida no chão. O copo se quebrou todo. Então eu acho que é porque ele já tava dormindo. Era muito engraçado porque eles só tavam falando besteira no final aí tio Fernando nem ligou de dormir. Depois tio Fernando se levantou e falou que não aguentava mais. Eu achei muito engraçado a cara dele toda vermelha. Aí Papai mandou eu ajudar com as coisas. Eu levei duas garrafas de bebida. E ele levou duas sacolas cheias de coisa. Ele fechou os olhos no elevador porque tava com sono e eu acordei ele quando chegou o nosso andar. Papai dormiu muito depressa. Ele tá dormindo no chão agora do lado do meu colchão. Eu não sei por que ele não quer ficar na cama. Ele disse que gosta do carpete. O quarto está muito gelado e com cheiro de bebida. Papai tá roncando muito muito alto e minha mãe tá com o edredom cobrindo até a cabeça. E eu já vou indo. Agora tchau.

10 de julho, 1992

    Hoje no café da manhã Mayara comeu a mesma coisa de ontem. Foi ovo, torrada e suco de laranja. Mas hoje ela não se sujou com o ovo. Ela estava mais sorridente. Papai não desceu para comer porque tava dormindo. Minha mãe fez um pratão de comida. Ela nunca come demais. Tia Soraya que é a mãe de Mayara só tomou um café com torradas e eu acho que tinha geleia mas não sei assim muito bem.
    Depois eu fiquei vendo TV no quarto. Papai acordou e foi tomar banho. Eu nem notei quando ele saiu do quarto. Minha mãe apareceu e disse que ia dormir e que eu tinha que desligar a TV. Perguntei se a gente ia ver as cataratas hoje mas ela mandou eu perguntar a Papai. Eu não vi Papai o dia inteiro.
    Eu desci pro salão de jogos mas tive que me esconder rápido porque o menino e a menina que acham que eu sou um herói tavam jogando pingue-pongue lá. Eu queria saber como foi a briga pra eu poder contar melhor pra Mayara como foi que eu separei eles. Eu fui pra piscina. Não pra tomar banho só ficar sentado lá perto mesmo. Mayara tava tentando subir uma árvore lá do outro lado. Lá na parte de baixo do hotel perto da saída. Eu desci até ela.
    Ela falou que queria subir porque queria ver o hotel lá de cima e também ver o que tinha lá mais pra baixo. É que o hotel fica no alto de um montanha. Eu dei um calço e ela conseguiu subir até o primeiro galho. Eu acho que ela não devia subir mais que um galho porque é perigoso mas ela chegou no segundo galho e depois no terceiro. Aí quando ela dizia alguma coisa eu não conseguia escutar direito por-

que ela já tava muito longe de mim. Aí eu pedia pra ela dizer de novo mais alto. A primeira coisa que ela disse foi que a vista era interessante. Ela fala como adulto. Eu chamei ela pra descer mas ela disse que ia ficar lá e que podia até dormir lá. Eu disse que a mãe dela nunca ia deixar. Mayara falou que meu jeito de falar é engraçado e diferente. Ela fala como gente de novela. Parece que ela tá fingindo. Ela fica falando um monte de coisa aí no final diz assim não é verdade? Eu nunca vi nenhuma criança falando assim. Mayara é meio fingida. E mentirosa porque ela sabe que não podia dormir em cima da árvore.

Eu perguntei se ela queria ver as cataratas. Ela respondeu que não tinha muita vontade de ver as quedas de água. Eu achei nada a ver dizer quedas de água ao invés de cataratas. Parecia de novo coisa de gente fingida. Falou que não tinha graça que já viu muitas vezes e tava enjoada. Aí disse que o pai dela é um político importante e eles viajam muito. E disse de novo que já viu as quedas de água muitas vezes. Mas eu acho que ela tá mentindo. Amanhã vou perguntar a Papai se o tio Fernando é um político importante. Eu acho que é só mentira que nem o jeito dela falar. É só fingimento. É um jeito muito bonito de falar como as mulheres na novela mas não adianta nada se é só fingimento.

Perguntei se ela não ia mais descer e ela fez que não com a cabeça. Ela ficou sentada no galho com as pernas cruzadas de um jeito que parecia que ela ia cair. Aí eu disse pra ela ficar com as pernas abertas no galho pra se equilibrar melhor. Ela riu e disse que eu sou medroso. Eu não sei por que ela disse isso. Eu acho que ela não é muito inteligente. Aí eu falei pra ela que eu sou um herói e que só quero o bem das pessoas. Ela riu mais uma vez. Eu expliquei que eu sou um herói aqui no hotel porque separei uma briga feia que aconteceu perto da piscina assim que cheguei. Ela não deu bola. Então eu disse que tinha duas pessoas que podiam provar que eu separei a briga. Aí ela olhou pra baixo sem rir e me perguntou quem é que podia provar. Eu disse que tinha uma menina e um menino no salão de jogos que sabem que eu sou um herói. Ela perguntou como foi a briga. Eu disse que era uma briga muito violenta. Eu não quis falar mais porque eu queria achar os meninos pra contar a história pra ela. Chamei ela para descer de novo. Ela respondeu que ia dormir lá.

Eu fui pro salão de jogos, mas não tinha ninguém lá. Não vi Papai no saguão nem no bar do hotel nem em lugar nenhum. Eu interfonei pra minha mãe e perguntei se ela sabia de Papai, mas ela não atendeu porque tava dormindo.

Eu fui ver Mayara depois de um tempão e ela não tava mais em cima da árvore. Fui procurar ela no parquinho. O menino que acha que eu sou um herói estava chutando uma bola lá perto. Aí eu me escondi atrás de uma árvore e fiquei olhando de longe. Tinha mais três meninos com ele. Mayara não tava lá. Eu decidi voltar porque eu acho que aqueles meninos podem ser as pessoas da briga e aí vão saber que não fui eu que separei a briga. Aí foi uma aventura fera. Eu olhei na piscina mais uma vez e no salão de jogos e no saguão e no portão e na capela e fiquei olhando lá pra baixo. Mayara não tava em lugar nenhum.

Eu subi pro meu quarto. Tava tudo escuro e congelando. Minha mãe tava dormindo. Hoje não foi um dia muito bom porque não aconteceu nada e eu não sei o que aconteceu com Mayara. Eu estou com medo que ela caiu da árvore e teve que ir pro hospital. Eu não perguntei a minha mãe porque ela ficou dormindo o dia inteiro e eu não vi Papai. Ele ainda não chegou. Eu diminuí um pouquinho a força do ar-condicionado porque eu estou espirrando muito. E não quis tomar banho porque acho que o frio vai ser de lascar. Eu não tô com sono. É muito ruim quando não tá com sono e tem que ficar na cama.

Eu gostei muito da Argentina e mais ou menos de Porto Alegre. Mas eu não tô gostando de Foz do Iguaçu. A viagem tá muito chata. Não tem nada pra fazer. Acho que é amanhã que a gente vai ver as quedas de água. Agora eu já vou lá. Tchau.

11 de julho, 1992

Hoje tava todo mundo no café da manhã. Mayara comeu bolo, ovo, suco de laranja e dois pães pequenos com presunto e manteiga. Ela tava sorridente. Acho que é porque o tio Fernando estava lá do lado dela e ele nunca vai pro café da manhã do hotel. Papai também tava mas ele comeu bem muito pouca coisa porque ele nunca come demais logo de manhã. Só de noite que ele come bem muitão. Minha mãe comeu torradas e ovo com salsicha. Tomou duas xícaras de café. Tia Soraya me perguntou se eu brinquei muito com Mayara ontem. Aí eu falei que a gente brincou um pouco só que não foi muito. Aí ela olhou pra minha mãe e deu uma risadinha. Papai também riu. Eu não sei por que ele riu. Eu queria perguntar mas eu não tive coragem durante o dia e agora ele tá dormindo. Tio Fernando não riu e nem Mayara.

Depois do café eu perguntei a Papai se hoje era o dia de ir ver as cataratas. Ele disse que podia ser. A gente tava no quarto e eu perguntei o que a gente ia fazer no dia e ele disse pra eu ir escrever no diário. Aí eu falei que o dia tem que terminar primeiro para eu saber o que falar do dia. Ele falou que ia sair com tio Fernando. Eu perguntei se o tio Fernando era um político importante. Aí Papai falou que ele não é importante mas não falou se ele é político.

Foi ficando de tarde e eu não sabia onde a minha mãe tava. Papai saiu com tio Fernando. Mayara não desceu do quarto. Eu fui para o salão de jogos e joguei um pouco de totó. Depois eu fui no parquinho. A tia Soraya apareceu. Ela foi fumar. Ela disse que Mayara estava com dor de barriga. Aí ela olhou para mim e disse que sabia que eu gostava muito de Mayara e ficou rindo e assoprando fumaça pro vento. A tia Soraya é meio chata. Ela faz uma cara de risinho o tempo todo e fica olhando pra cara das pessoas sem dizer nada por um tempão. É só porque ela acha que ela é uma sabida. Minha mãe não gosta de tia Soraya também. Meu pai gosta dela e ele é muito amigo de tio Fernando desde quando era da minha idade. Aí ela falou pra eu ir ver Mayara lá no quarto dela. Ela falou que Mayara ia gostar de receber uma visita tão especial porque tava sentindo muitas dores. Mas eu não entendo por que a mãe não fica com a filha já que ela tá com dores. A tia Soraya é meio mentirosa. Eu acho que ela gosta de fazer piada com as pessoas. Aí ela começou a me olhar daquele jeito sem dizer nada. E mexeu o dedo. Era pra eu ir pra perto dela. Aí ela tocou no banco mandando eu sentar do lado dela. Eu fui sentar lá do lado dela. Aí ela ficou um tempão sem falar e fingindo que ia rir. É só coisa pra pensar que ela é sabida. Aí fica assim sem falar nada e de risinho. Toda vez que parecia que ela ia rir ela assoprava fumaça pro vento e ficava com a cara feliz. Não era cara de risada. Era só uma cara feliz mas que eu acho que era uma piada comigo que eu não sei o que é. Aí ela chegou bem perto do meu ouvido e ficou um tempão sem falar de novo. Eu senti o cheiro ruim de cigarro da boca dela. Aí ela falou no meu ouvido. Ela falou que Mayara gostava de mim também. Eu fiquei com raiva dela porque eu sei que é mentira. Aí ela mandou eu ir visitar ela no quarto dela. Ela disse que ia ficar lá embaixo fumando pra depois eu ir contar a ela como foi a minha visita. Aí ficou olhando pra mim sem falar nada e querendo rir de novo.

    Eu subi pro quarto de Mayara porque eu fiquei com muita raiva de tia Soraya que fica fazendo cara de sabida. Eu bati na porta muitas vezes. Aí depois de um tempão Mayara abriu a porta. Ela tava toda descabelada mas tava muito bonita ainda. O cabelo dela fica bagunçado como o de todo mundo mas fica bagunçado bonito. Ela não abriu a porta toda. Ela perguntou o que aconteceu. Aí eu perguntei se ela tava com dor de barriga e perguntei se podia descer pra brincar. Ela falou que não ia descer. Eu perguntei se ela tava assistindo TV. Ela falou que não. Eu perguntei o que ela tava fazendo. Ela falou que tinha tomado remédio e que tava dormindo. Eu perguntei se ela não queria ver as cataratas. Eu esqueci que ela já viu. Aí ela falou que já viu as quedas de água e que não gostava de lá. Eu falei que eu queria ver porque era o último dia no hotel. Ela falou que ninguém ia ver as quedas de água porque ela tava doente. Aí a gente ficou sem falar nada um tempão. Eu queria entrar no quarto pra ficar junto com ela. Ela falou que ia voltar pra cama pra dormir. Eu perguntei se ela tava com sono. Ela falou que tava aí deu tchau e fechou a porta.

Quando eu voltei pro parquinho a tia Soraya ainda tava fumando. Ela perguntou como foi. Eu não sabia muito bem o que dizer. Eu falei que foi normal. Eu falei que ela tava com dor de barriga e que foi dormir. Ela balançou a cabeça e falou que eu preciso ser insistente. Ela disse que o coração da mulher é difícil e que precisa mostrar que quer de verdade e precisa mostrar que é corajoso. Ela falou que o mundo precisa de homem corajoso e falou que ser corajoso é muito diferente de ser cafajeste. Ela é muito chata. Ela ficou falando de coração da mulher e eu não quero nem saber. Ela é meio doida e chata. Só fica fumando o tempo todo e fazendo cara de sabida e falando de coração da mulher e de corajoso e cafajeste o tempo todo. Aí eu perguntei se ninguém ia ver as cataratas hoje. Aí ela ficou com raiva não sei por que e se levantou. Ela jogou o final do cigarro lá no meio da areia. Lá no meio que vai um monte de criança pequena ficar sentada. Ela limpou as mãos. Aí eu falei que sou corajoso. Eu disse que no primeiro dia que eu cheguei eu separei uma briga violenta que aconteceu bem perto da piscina. Um dos homens quase que ia cair na piscina e quase podia quebrar a cabeça no chão de pedra. Ela ficou olhando para mim. Aí falou que era bom que eu era corajoso. Aí perguntou mais da briga. Eu falei que era uma briga bem perigosa. Dois homens bêbados tavam brigando. Quando um homem pegou uma cadeira pra jogar no outro foi aí que eu separei a briga. E um menino e uma menina viram que eu separei e depois eles falaram para mim obrigado. Eu falei a ela que eles podiam dizer que era verdade. Tia Soraya falou que não precisava. Ela disse que ia cochilar.

Aí começou a ficar de noite e depois de muito tempo Papai apareceu com tio Fernando. Eles tavam um pouco bêbados. Eu perguntei a Papai se ia ver as quedas de água porque era o úlitmo dia no hotel. Tio Fernando caiu na risada e depois falou que ia dormir um pouco antes da viagem. Ele falou que não queria cair no sono no volante. Papai me levou até a recepção. Aí ele me colocou na frente de um quadro bem grande que tem na recepção. Aí ele apontou e disse pra eu olhar. Aí eu olhei e vi que era as cataratas num quadro daqueles que tem um montão na recepção. Aí Papai perguntou se eu gostei. Ele falou gostou das cataratas? Eu fiquei sem saber o que era pra dizer. Aí ele falou pra eu ir escrever no diário sobre as cataratas e falou que eu já podia escrever porque o dia já acabou.

Aí agora eu tô escrevendo no carro. A minha mãe que tá dirigindo e Papai tá dormindo aqui no banco de trás comigo. Eu pedi pra minha mãe deixar a luz ligada um pouco pra eu escrever. Eu falei que só pode escrever antes de ir dormir porque aí o dia acabou de verdade e não vai acontecer mais nada.

Amanhã a gente vai numa praia perto de Florianópolis que é a cidade que Mayara mora. Papai acordou e mandou desligar a luz. Então agora eu já vou.

12 de julho, 1992

Mayara morreu. Ela tá no hospital mas eu acho que ela morreu. A gente foi pra uma casa deles. Não fica perto de

Florianópolis. É uma casa de praia na parte do sul do estado. É muito bonita. Aí lá perto tem uma praia muito bonita também. Eles me falaram o nome da praia mas eu me esqueci. Ninguém tirou nada do carro. Todo mundo foi pra varanda e Papai e tio Fernando começaram a beber e dizer que a vista era muito bonita. Minha mãe foi pra cozinha. Ela e tia Soraya prepararam um peixe. Tia Soraya chegou no meu ouvido e falou pra eu chamar Mayara pra ir passear na praia. Aí eu senti um cheiro de podridão bem forte. Eu pensei que tia Soraya tinha comido alguma coisa bem ruim ou não escovou os dentes desde o hotel em Foz.

Mayara tava se balançando na rede. Eu chamei ela pra ir na praia. Ela fez cara feia. Aí tia Soraya apareceu e mandou ela ir na praia comigo porque ela ia arrumar a varanda e o resto da casa. Aí ela falou que Mayara tinha que ir na praia senão ia ajudar com o trabalho da casa. Então a gente foi na praia. Aí eu senti de novo o cheiro de podridão mas tia Soraya não estava por perto. Aí quando eu olhei pro rosto de Mayara eu vi que ela também tava sentindo o cheiro. Ela olhou para mim e perguntou se foi eu. Eu falei que não. Era um cheiro muito forte de podridão. Quanto mais a gente andava mais aparecia o cheiro de podridão. Depois a gente descobriu o que era. Era uma baleia gigantona que tava morta na praia. Tinha umas três pessoas lá olhando. A gente foi pra perto mas era muito difícil aguentar o cheiro. Era muito difícil mesmo. A gente apertou o nariz e ficou respirando pela boca. Depois eu fiquei com nojo de respirar pela boca mas era melhor do que pelo nariz.

Os meninos que tavam lá ficavam jogando pedra na baleia e ficavam rindo. Eles jogavam na baleia tudo que encontravam na areia. Mayara foi pra bem pertinho da baleia. Eu falei pra ela sair de lá mas ela nem ligou. Aí ficou olhando pro olho da baleia. Tava muito feio. Tava inchadão. A baleia toda tava parecendo uma bola gigantona e podre. Ela me mostrou uns rasgados que tinha na pele. Os meninos continuaram jogando coisas e quase que pegava em Mayara o tempo todo. Eu falei pra ela sair de novo. Ela tocou na baleia e eu achei que foi muito nojento. Aí eu vi lá longe que tava chegando um monte de adultos.

O vento tava muito forte e ficava bagunçando o cabelo de Mayara. E ela ficava o tempo todo ajeitando e colocando o cabelo atrás da orelha. A verdade mesmo é que ela é bonita demais e dá vergonha ficar olhando o tempo todo. Ela é mais bonita do que as quedas de água na recepção do hotel em Foz. Ela chegou bem pertinho da barriga da baleia e ficou alisando como se fosse um cachorrinho dela. Aí eu vi que Mayara começou a chorar e eu queria chorar também.

Aí os meninos chegaram mais perto e ficaram jogando um monte de pedra grande. Quase que batia em Mayara toda vez. Aí eu mandei eles pararem de jogar pedra. Mas eles eram maiores que eu. Mas eu queria mostrar que podia separar briga e parar com brincadeira errada. E aí é porque eu sou muito corajoso e não cafajeste. Aí eles chegaram mais perto ainda e jogaram mais coisas na barriga da baleia. Mayara parou de alisar a baleia e foi aí que Mayara saiu voando. Foi muito rápido e eu não consegui ver muito direito. Teve um barulhão e uma podridão. Aí Mayara saiu voando por um tempão. Eu chega vi ela no céu voando por um tempão. Ela foi parar no começo da água mas foi na parte rasa pelo menos. Foi onde a água faz um pouco de espuma na areia. Depois os meninos começaram a rir muito. Mas eu não ri nem um pouco. Eu fui correndo ver Mayara. Ela tava cheia de sangue e tava desmaiada. Eu puxei ela pra fora. Aí chegaram os adultos e falaram que a baleia explodiu. Aí carregaram Mayara e eu falei onde ela mora. Aí levaram ela pra lá. Eu fui mostrando o caminho.

Depois todo mundo foi pro hospital. Eu fiquei esperando na sala de espera com Papai e minha mãe. Ninguém sabia o que aconteceu. Papai não conseguiu mais falar com tio Fernando nem com tia Soraya o resto do dia todo. Ele ficava perguntando pra algum médico o tempo todo mas eu não sei o que aconteceu. Eu tava muito sujo também e tava fedendo. Aí Papai mandou eu ir me limpar no banheiro. Eu tentei muito me limpar. Eu lavei os braços e as mãos. Eu até coloquei a cabeça na pia pra passar água mas eu fiquei com cheiro ruim ainda. Quando eu voltei pra sala de espera eu perguntei a Papai como é que pode uma baleia explodir assim sem ninguém fazer nada. Aí ele disse que aquilo que eu vi foi o peido da baleia mortal.

A gente voltou pra casa do tio Fernando. Eu tomei banho por um tempão e mesmo assim ainda tava com podridão depois. Papai mandou todo mundo se aprontar pra gente ir embora. Mayara e os pais dela ficaram no hospital. Eu perguntei a Papai se Mayara morreu. Aí ele disse que não sabe. Foi muito alto a altura que ela saiu voando por um tempão. E depois ela caiu na água mas era a mesma coisa de cair no chão porque a água ali tava muito rasa. Depois do banho eu fui esperar no carro. Aí eu escutei que Papai e minha mãe tavam brigando mas eu não consegui escutar muito direito. Eu ouvi a voz de Papai gritando muito alto mesmo. Depois eu ouvi coisa quebrando. Eles quebraram alguma coisa da casa de tio Fernando que depois vai ter que pagar. Eu queria escrever no diário porque tava demorando mas não pode escrever antes do dia acabar todo. Aí eu vi uma parte da briga pela porta da casa. Minha mãe passou rápido pra cozinha e Papai foi atrás gritando. Não dá pra eu separar essa briga. E mesmo assim nem tem graça porque eu nem vou ser herói nem nada porque não pode contar que separou pra ninguém. As pessoas é que precisam ver. Depois de um tempão os dois foram pro carro. Já tava de noite. Aí a gente foi até Florianópolis que é onde eu tô agora. A gente tá num hotel porque não deu pra ficar na casa de tio Fernando porque ele não tá aqui. Papai ligou pra casa de tio Fernando lá na praia mas não tinha ninguém . Depois ligou pro hospital mas não conseguiu falar com ninguém também.

Quando passar o tempo eu vou pedir o telefone pra ligar pra Mayara. Se ela não morrer. Mas eu vou ficar rezando pai nosso pra ela ficar bem. Eu acho que um peido de baleia na verdade não pode matar uma pessoa. Principalmente se a baleia deu o peido depois de morta porque aí eu acho que o peido é mais fraco do que o normal. Eu vou perguntar como foi sair voando por um tempão mas eu não sei se Mayara vai conseguir lembrar como foi. Ela desmaiou na areia mas vai ver que ela desmaiou enquanto tava voando e não se lembra de nada que aconteceu. Eu vou perguntar isso também pra ela. Eu vou aproveitar pra escrever aqui no diário todas as perguntas que eu quero fazer pra ela pra não esquecer o que eu quero dizer. Eu queria saber o nome da praia que eu vi a baleia pra deixar no documento mas não consigo lembrar. Era Jaruru, Jubiru, Jubilau. Era uma coisa assim.

Agora tá todo mundo dormindo e eu não quero mais parar de escrever aqui. Amanhã eu não sei o que vai acontecer. Eu acho que as férias acabou agora. Eu acho que a gente vai voltar para casa. A gente ia parar também em Salvador mas eu acho que não vai mais. Papai acordou. Ele tá dizendo pra eu parar de escrever agora porque a luz tá incomodando e eu preciso dormir. Ele tá dizendo que eu já tô fazendo isso mais de duas horas e tá mandando eu parar de frescura. Então agora eu já vou parar. Tchau.

16 de julho, 1992

Mayara tá viva. A gente ficou dois dias em Salvador e depois voltou pra casa. Eu não gostei de Salvador aí eu decidi que não vou escrever no diário. O melhor dia que aconteceu foi quando Papai falou que Mayara tá viva e que até já saiu do hospital. Foi fera.

Aí hoje eu pedi a minha mãe pra ligar pra Mayara. Aí minha mãe ligou. Primeiro ela conversou um pouquinho com tia Soraya. Eu escutei que tava tudo bem com Mayara.

Aí eu ouvi minha mãe dizendo assim mas ele não fez nada errado. Aí eu fiquei sabendo que tia Soraya não queria deixar eu falar com Mayara. Mas minha mãe pediu muito e ela acabou deixando.

Aí eu falei oi. Eu perguntei se ela tava machucada. Ela falou que não. Eu perguntei se ela lembra como foi sair voando lá na praia. Ela falou que só lembra depois quando acordou no hospital. Aí eu disse que ruim porque foi muito massa ela voando. Aí ela falou que não lembra e que não doeu. Eu perguntei se ela foi na praia de novo. Ela disse que não. Ela falou que a baleia apareceu na TV e que ela viu no hospital. Ela falou que apareceu o nome dela na TV. Eu falei que não vi. Aí ela falou que só passou em Santa Catarina. Eu perguntei se eu podia ir de novo pra Santa Catarina. Ela falou que não sabia se podia. Aí ela disse que tia Soraya tava brava comigo. Ela falou que era culpa minha. Aí eu disse que não era culpa minha. E ela falou eu sei. Aí eu disse que Papai falou que ela saiu voando por causa do peido da baleia mortal. Mayara ficou rindo um tempão. E aí eu sabia que eu tava apaixonado porque ela tava rindo um tempão e eu ficava querendo escutar muito direito o som. Depois eu não sabia mais o que falar e ela deu tchau.

Eu fiquei triste porque tia Soraya tá com raiva de mim. Ela fica dizendo pra eu ter coragem e insistir pra ganhar o coração da mulher. Mas agora ela tá com raiva de mim e ela não liga mais se eu tô apaixonado pela filha dela nem nada. Então ela pensa que eu sou cafajeste. Ela vai assoprar fumaça e fazer cara de sabida. Mas eu separei uma briga perigosa de adulto bêbado de tão corajoso que eu sou e agora Mayara nunca mais vai saber. É muito ruim que ela mora longe demais. Eu perguntei a minha mãe se a gente vai voltar um dia pra Santa Catarina. Ela disse que não sabe. Aí depois ela falou que vai demorar muito pra voltar lá. Eu perguntei se não pode voltar lá nas férias do fim do ano e aí ela mandou eu perguntar a Papai.

Hoje a gente voltou pra casa e agora eu já tô na minha cama escrevendo o diário. Papai só tem mais três dias de férias e depois ele volta pro trabalho. Mas eu tenho ainda muitos dias de férias. Eu só pensei em Mayara o dia todo. Aí quando ficou muito de noite eu fui falar com Papai pra perguntar se ia voltar pra Santa Catarina um dia. Mas aí era muito tardão já. Eu ia falar com ele pra depois escrever no diário.

Papai tava na varanda olhando a vista. Ele tava sentado numa cadeira bebendo um drinque que ele gosta de beber bem tardão. Aí eu fiquei atrás dele e comecei a falar. Eu tava muito nervoso não sei por quê. Eu perguntei se a gente vai voltar pra Florianópolis. Aí ele falou que não porque as férias já acabou. Eu queria muito falar pra ele de Mayara. Eu demorei um tempão porque não tinha coragem. Mas aí eu falei dela. Eu fiquei todo tremendo. Aí eu falei que eu gosto muito mesmo dela. Aí eu falei que eu fiquei com muito medo quando ela saiu voando. E eu falei que ela subiu na árvore e que era muito bonito ela lá em cima da árvore. Aí eu disse que a gente conversou um tempão mas não é verdade. Mas eu acho que aí ele vai achar que pode gostar dela. Se a gente nem falou aí vai ver que ele acha que não pode gostar. Aí eu falei que a gente até brincou junto na piscina não sei por quê. Eu acho que aí é porque ele vai acreditar que eu passei um tempão com ela e que conheço ela e que ela também gosta de mim. Aí eu queria falar também que eu separei a briga. Mas aí ele não vai acreditar de verdade. Eu queria falar que eu peguei na mão dela mas também não falei porque ele não vai acreditar. Aí eu falei que eu brinquei com ela de pingue-pongue e que eu ganhei as primeiras partidas mas que depois eu deixei ela ganhar. Eu falei que ela ficou muito feliz quando ganhou e que ficou sorridente. Aí eu queria falar que ela é bonita de novo mas aí já deu vergonha de ficar falando tanto. Aí eu falei também outra mentira. Eu falei que eu fui lá no quarto dela quando ela tava sozinha e que a gente ficou assistindo

TV. Mas Papai não falava nada aí eu não sabia o que falar mais. Aí eu continuei falando. Eu falei que ela falou que ela gosta de mim quando a gente tava vendo TV. Eu fiquei muito nervoso depois de falar isso. Depois eu não sabia mais o que dizer mesmo. Aí eu falei que eu quero ver ela de novo e eu falei que ela é a menina mais bonita do mundo. Aí eu falei que é a maior alegria da minha vida quando eu falei no telefone com ela. Eu fiquei tremendo um tempão. Aí eu fiquei com muita vergonha porque Papai mesmo assim não falou nada. Aí de repente o copo caiu da mão dele no chão e se quebrou todo. Ele se levantou todo assustado. Então aí é porque ele já tava dormindo. Aí eu não vou mais escrever diário porque eu acho que é muito chato na verdade. Então agora eu tô com sono e já vou indo. Agora tchau.

A hora do pai

Uma filha, por que não? Daria conta da tarefa. Alguns anos de preleções, expondo a criança ao estado de coisas, à cultura, alguns anos respondendo porquês. Não deve ser difícil. Uma criatura de corpo quente que o seguisse, mão na mão, atenta, altiva, curiosa. Longos passeios; trajes que a protegessem da imposição invernal, roupinhas leves para o verão, escolhidas a dedo; olhinhos membranosos de tão novos, ainda sem cor definida, assistindo pela primeira vez o revoar de Sanhaçus. Ela tocaria nas coisas que visse pelo caminho. Sinto quando toco, papai. Rosto macio, morno, bochecha vermelhinha depois de beliscada, ao que se seguiria um sorriso, o mais bonito. Uma felicidade animal que o contaminasse: uma filha.

Ele põe o livro de volta. Ficou lendo a tarde toda, o corpo dói. Vai passando um atendente da loja, que faz um desvio, pois ele não sai do lugar, mas volta e pergunta se o senhor não quer ajuda. Não. Estala os dedos. Não faz isso, diria a mulher. Mas não diria o mesmo à filha.

Pensou ter visto um ex-aluno. Olá, disse em voz alta. Mas não era seu ex-aluno. Quer beber uma cerveja. O ex-aluno reaparece. Era, sim, seu ex-aluno, um homem de cinquenta anos. Apertam-se as mãos. Sentimos sua falta lá. Sim, um fulano de tal ficou no lugar. É, é bom. Foi repentina sua saída. É sua a garotinha?, ele pergunta. Aquela? Não é minha, responde o ex-aluno. Tenho dois meninos, não lembra? Não estão aqui. São maiorzinhos já. Bom, professor, foi um prazer revê-lo. Eu gostava muito das suas aulas. Prazer revê-lo.

Os porquês da filha seriam os melhores. Diálogos ambicionados e nunca gozados sobre a justiça, o belo e a verdade fincando grossas raízes naquela criança de tranças, de nome gasto, Sofia, cuja adesão ao clichê significava apenas que nem pai nem filha importavam-se com o que pensasse o batalhão de patetas que escoam pelo mundo. Quem diz que são patetas?, perguntariam colegas, chefes e a mulher, mas não sua filha. Uma menina a quem se explica ideias contrastantes uma vez apenas; uma garotinha capaz de compreender com os olhos e com o coração. Patetas, Papai, que escoam mundo afora. É sua?, perguntaria o ex-aluno, um homem de cinquenta anos e dois filhos. É sua, professor? Sofia abriria seu meio sorriso. Sou dele, se acostumaria a dizer aos colegas do pai, ao pai do pai. Sou dele, diz Sofia. Pai sem filhos assente com a cabeça. Minha, e emenda: não, não estou trabalhando. Decidi tirar um tempo quando a Sofia nasceu, achei importante tirar um tempo pra ela. Sentimos muito a sua falta, professor, adorávamos suas aulas. Antes de você (e isso não sou apenas eu que digo, hein?) nunca fôramos capazes de compreender Kafka, que parecia mais um autor fantástico, um simbolista, um bruxo; enfim, antes de você, professor. Pai sem filhos respondeu que já não nutria o mesmo interesse por Kafka e que sequer estava de acordo com as chaves de leitura que ele mesmo tanto debatera com os alunos. A bem da verdade, nem gostava mais de literatura, acrescentaria. Essa gente que lê literatura tem mais é que. Adorávamos suas aulas, professor, e não digo isso apenas por mim, pode acreditar. Um aperto de mão sincero e o ex-aluno se afastou.

É simpático esse senhor, Papai. Sofia olhava para o mundo e o via. Ela, por conta própria, chegaria a conclusões irrefutáveis sobre o absurdo de se comer animais (*É genocídio, Papai, igualzinho*); sobre por que se paga impostos (*Precisamos de serviços de qualidade*); padrões de beleza socialmente reforçados (*Na verdade, o belo é diferente para cada pessoa; fenomenologia pura, Papai*), política (*Todo comportamento é posicionamento!*). Quando em público, faria perguntas difíceis e Sofia diria alto, e ainda mais alto, as respostas; logo todos ao redor escutariam a conversa cujos desdobramentos éticos e estéticos estão muito acima do que podem alcançar. Mas sentem-se gratos por ficarem de ouvintes. Obrigados, dizem, não tínhamos pensado dessa maneira ainda.

A garotinha mais linda do mundo, pernas cruzadas sobre o chão, com roupas que pareciam a de uma camponesa da Holanda, não mais de três anos, gracejava palavras a uma mãe desatenta sobre o susto que dariam no pai quando ele voltasse do caixa, onde comprava um livro de economia. Não recebia a atenção merecida. Já que a mãe não respondia, a menina fingia ler para si mesma. Um dia ele acordou triste, disse. Um dia ele acordou triste e não encontrou nenhum bichinho pra brincar. Pai sem filhos queria muito uma cerveja, mas ficou para saber se a camponesinha conseguiria dar um susto no pai imbecil que paquerava a moça do caixa. Não aconteceu. O idiota voltou apressado. Veio chegando com uma sacola. A mãe se levantou. Até que enfim, disse a retardada. A garotinha mais linda do mundo, não tinha mais de três, talvez tivesse dois anos, folheando um livro infantil sobre o sapo que acordou triste um dia e não encontrou no lago um só bichinho que fosse. Os pais retardados discutindo sobre o estacionamento. A menina tão perto da escada. Não veem que ela pode cair? Como Sofia, ela também entende que um dia se pode acordar triste sem que remédio haja senão sair e passear. O homem chamou a mulher de alguma coisa, quem sabe puta; a camponesinha com a boca aberta enquanto a apalermada da mãe desaparecia chorando na seção de Direito.

Quando Pai sem filhos perguntasse por que se fica triste, ela diria para ele, seu pai, não perdeu tempo com isso, não há uma só razão para se ficar triste. São muitas, infinitas. E elas vão se juntando e amontoando sem que se possa anotar na agenda o peso a que já chegaram. A tristeza acontece um dia. E depois de vez em quando, assim como a saudade e a felicidade. Ganharia um beijo na testa ao final da explicação.

Passeios às terças-feiras no Masp. Aproxime-se o máximo que puder, mas não encoste em hipótese alguma o nariz na tela, dizia à filha. Aqui está bom, agora pode abrir os olhos. Ao abri-los, Sofia encontrava sempre os mesmos borrões de tinta. Só vejo belíssimos borrões, dizia, para a alegria desmesurável do pai, que a tomava pelos ombros e os puxava para trás. A imagem na tela ia tomando forma, até que a menina gritava: Uma ponte! Os visitantes do museu olhavam para pai e filha, retorciam lábios e os cenhos. Fizeram isso mais algumas vezes naquele mesmo ano, mas um dia Sofia perdeu o interesse. Não gosto de assustar as pessoas, Papai, acho bonito o museu silencioso.

Uma filha com uma fita no cabelo. Tardes de sábado lendo volumes sobre girafas introvertidas, pinguins complexados, sapos infelizes, toupeiras curiosas. Livros em francês, em inglês, em alemão. Uma garotinha com uma fita apontando os cachorrinhos na rua: *les chiens*. Cheia de atitude, de marcha firme, apontando os penteados extravagantes das adolescentes: *hairdo*. Uma garotinha de olhar inquisitivo, mas não insolente como o de crianças precoces nas novelas, apontando as nuvens: *die Wolken*.

Calçando as sapatilhas da Dorothy, que passou dias e dias pedindo, batendo os calcanhares três vezes sempre que estivesse esperando pelo metrô com o pai. Não gostava de muita gente por perto e desde cedo associaria o acúmulo de pessoas num mesmo recinto à perda de identidade. Sem falar no barulho quando cada monstrengo de ferro passava. Cobria os ouvidos. Bate os calcanhares! Não deu certo, Papai. Tenta de novo, filha, e fecha os olhos dessa vez. A mãozinha pequena dentro da mão grande de pai; os bracinhos finos enlaçando a barriga de pai dentro do vagão. Olhares cândidos a eles lançados por tantos trabalhadores cujo mais palpável momento de alegria, argumentariam eles próprios com seus cônjuges assim que chegavam em casa, era ver aqueles dois, aquele pai e filha que diziam coisas absolutamente incompreensíveis um para o outro. Às vezes em outro idioma, acho. Não, não reconheço.

Pai sem filhos deixa a livraria apressado. Aperta as mãos dentro do bolso por nervosismo ou por frio. Precisa pensar desde já como aquecer as mãos da filha. É certo que a maioria dessas luvas vagabundas que se vende por aí não aquecem propriamente as mãos. Deixam-nas ainda mais geladas às vezes. O que leva a uma questão mais abrangente: o que fazer em relação a roupas no geral? Não pode comprar qualquer blusinha fajuta no centro. Sofia sabe muito bem o que fazem com os bolivianos que costuram nessa cidade.

Aperta a mão da filha dentro do bolso enquanto descem a Brigadeiro Luís Antônio. Sofia faz muita força para não chorar sempre que vê um mendigo. Descem a avenida apontando pombos, fiscalizando nas calçadas os acessos para deficientes. Sofia pergunta se o amor que seu cão sente por ela não se assemelha um pouquinho com síndrome de Estocolmo. Não estaria em outro lugar se pudesse escolher? O pai responde que é normal ter preguiça de levá-lo para passear de vez em quando. Vão cantando o caminho. Uma esquina, agora a banca de revistas, direita, a padaria, o desvio da árvore, agora passamos por baixo do viaduto. Sabem o caminho de casa de cor. Sofia quer chegar logo para terminar o livro. Está lendo Mark Twain, no original. Ela tem oito anos.

Em casa encontrou a mulher de cama, ardendo em febre. Pedia que Pai sem filhos alimentasse o cão. Ele fez cara feia, queria tanto contar o que vinha pensando. Da visão. Foi à cozinha, colocou ração na tigela. O cão veio com passos de gato para junto. Enfiou o rosto ali dentro e só o tirou quando a ração sumira. Fez carinho nele até perceber que bichos pretos e miúdos se moviam velozmente pelo dorso do animal. Retirou a mão. Colocou um pouco mais de água na tigela. Voltou ao quarto. Tomou alguma coisa para a febre? Ela responde que não, pede Tylenol. O cão está com pulgas, ele diz. É a idiota da vizinha, com certeza. Isso vai dar uma trabalheira que não quero nem imaginar agora. A mulher assoa o nariz. Ao terminar, estende o papel usado ao marido. Ele faz menção de pegá-lo, mas detém-se e eleva o cestinho de lixo que está logo ali. Seria o exemplo da mudança que queria ver no mundo. Pararia estranhos e ensinaria-lhes a não jogar lixo no chão, receberia como resposta os sorrisos mais sinceros. Pararia estranhos na rua para elogiar-lhes a maneira como se vestem. Gostava de dar comida aos moradores de rua, em grande parte porque simpatizava com os que viviam embaixo do seu prédio.

Foi bonito o dia em que ela defendeu a moça do caixa no supermercado. Atrapalhada, a mulher não conseguia acertar a senha da máquina registradora. As pessoas na fila ficaram enfurecidas; só havia um caixa disponível. Um senhor de terno chamou-a de mula, disse Por isso o Brasil não tem jeito. Vá, se você não consegue abrir, chame o supervisor. Respeite quem trabalhou o dia inteiro, minha filha! Se você é tapada, não é culpa nossa. As pessoas aplaudiram e disseram É isso aí! Sofia interveio. Ela não é nenhum robô, senhor. Se as pessoas trabalharam o dia inteiro e querem ir para casa, essa moça ainda está trabalhando e fazendo o melhor que pode. Que tal ser gentil uma vez na vida, senhor? As pessoas aplaudiram e disseram É isso aí! A moça passou a dar balinhas e chocolates para Sofia desde então. Dizia que pagava do próprio bolso, fazia questão. Mas um dia a moça do caixa desapareceu. Eu perguntei, Papai. Não sabem, disseram só que ela era muito lerda e que andava roubando.

O cão acompanha Pai sem filhos até a cozinha. Na gaveta de remédios, uma barata passa por cima das vitaminas C. Pontinhos pretos salpicam o fundo da gaveta, talvez fezes ou ovos do inseto. Ele quer ver como são as pulgas. Faz carinho com o pé na testa do animal, estirado no chão, que aos poucos se volta para cima com as patas dobradas. Duas dezenas de bichos pretos correm para se esconder numa região mais peluda. A imbecil da vizinha infestou a casa de pulgas com seus cachorros. Não tem como receber Sofia desse jeito. Faltam quantos meses agora? Uns dois para. De maneira nenhuma virá para uma casa com pulgas. O cão se levanta para fazer cocô. Pai sem filhos, em passagem para o banheiro, diz à mulher que precisam se mudar. Hein? Um lugar maior que esse, melhor que esse. Vai precisar ser muito maior e melhor que esse. A mulher pede que ele traga o Tylenol.

Uma garotinha de sono leve. Que foi, Papai? Vai sair de novo? Rodeada pelo universo fortalecido dos livrinhos, bichos de pelúcia, medalhas, fotos do pai e da mãe. Quando acorda e não consegue mais dormir morde a fronha do travesseiro, escuta o zumbido da geladeira, sente um cheiro forte, talvez de gasolina, que de vez em quando surge na madrugada e pensa no pai.

Uma garotinha que nunca quis tocar um instrumento musical. Acha que não tem talento suficiente para tal e não quer que seu desempenho medíocre interfira na apreciação particular que possui da música. Gosta muito do timbre do violão, e diz que ouvir é o suficiente. Escuta Erik Satie com o pai, mas implica de vez em quando porque acha o andamento lento demais. O pai não tem que explicar que é preciso experimentar as coisas de maneira mais demorada para conseguir entendê-las. Ela sabe disso. Lá vem ele dizer que as pessoas não enxergam quando dizem que enxergam, que não escutam quando dizem que escutam. Eu já sei, Papai. Mas ele continua: diz que tudo é diverso do que se pensa e imagina. Não é assim, Papai, nem todo mundo precisa escutar música devagar.

O cachorro se senta. Levanta a cabeça, quer algo. Ganha um toque no rosto. Que foi? Que é? Estão levando embora de você o sangue todo, está murchando? Aperta com as mãos as patas dianteiras do animal. O cão se estica para cheirar aquele hálito de cerveja. Pai sem filhos vai à varanda. Não há espaço para uma menininha cheia de vida aqui. Ela não terá onde colocar as flores, os tomates-cereja de que tanto gosta. Remove os vasos que há muito abrigam temperos mortos. Sente frio e fecha as portas da varanda. Joga a terra fora. O cão o acompanha até o lavabo onde ensaboa os vasos. Segundo se lembra, as plantas de que a filha falou possuem raízes superficiais.

Uma garotinha que não mais é apanhada nos braços porque ficou pesada. Chega aos treze com muita saúde. Os dentes da frente levemente separados; as sardas mais esparsas acompanharam o crescimento das maçãs do rosto, ainda rosadas. *Apple of my eye, papa.* Comunicam-se pai e filha em inglês, às gargalhadas; ou em francês, mais sérios, e as pessoas agora veem isso com desconfiança. Olham torto para Pai sem filhos. A diretora da escola sente particular antipatia por ele: quem não entende que crianças são mais felizes quando iguais? Sofia é pré-adolescente. Lê Poe no original.

Faz e recebe penteados das amigas, Deborah e Vanessa. Deborah gosta de inventar coreografias e coloca as meninas para dançar também. Sofia fala dela do mesmo jeito que costumava falar do museu. A filha às vezes dança para Pai sem filhos, mas reclama quando ele pede que ela improvise ao som de Satie. Diz que o pai precisa variar mais o seu cardápio musical e que nem todo músico contemporâneo é tão vazio assim.

Vanessa tem rosto oleoso e é tristonha. Caminha algo curvada, e os seios muito maiores que os das amigas não são motivo de orgulho. Voz soa monótona ao falar de qualquer coisa, mas principalmente daquilo que gosta. Tira notas boas; ao contrário de Sofia, no entanto, não consegue relacionar o que aprende com a vida. Às vezes, é possível escutar Vanessa suspirando mesmo com o hip hop no volume máximo enquanto ela tenta acertar a coreografia. Gasta horas desenhando, arqueada sobre um caderno. Sofia a levou em casa uma vez e mostrou a Pai sem filhos a série de estudos que Vanessa realizara sobre os pássaros no viveiro da escola. Havia mais ilustrações sobre um que ficava quase sempre dentro da casinha. Ele está perdendo as penas, papai, disse Sofia. Mas ela não gosta muito de ir na casa das pessoas, nem mesmo na de Sofia, cujo pai é muito bonzinho e dá sorvete, e deixa ficar ouvindo música na sala e tem uma varanda espaçosa e legal, e uma biblioteca muito grande que ele deixa ver e mexer, contanto que tudo volte ao lugar em que estava. Mostre a Vanessinha como fala nuvens em alemão, pediu o pai. Sofia jurou que não sabia dizer aquela a palavra. Quando reunidas na cozinha para comer, o pai reparou no reflexo da lâmpada incandescente ganhando vida e movimento nas bochechas oleosas de Vanessa, que jamais levantava os olhos. Sofia beijou-lhe a testa.

A mulher pediu que ele partisse o comprimido em dois. Pai sem filhos respondeu que era apenas um Tylenol, não precisava partir. Ela gritou, implorou que ele fizesse logo o que ela pedia e que calasse a boca, pelo amor de deus, uma vez só na vida, que fizesse o que fora pedido e que, por uma vez apenas na vida!, calasse a boca, pelo amor de deus! Mandou ele preparar comida. Tá, vou, mas depois quero conversar uma coisa séria. Pai sem filhos coloca arroz e água na panela. No chão, um montinho de jornal cheirando a urina. Quando a mulher adoece deixa a casa às moscas. Juntou o jornal, pô-lo dentro de um saco. Jogou fora o lixo acumulado perto da geladeira. O cachorro chorou por comida. Todos os pratos na pia estavam sujos. Lavou um e o usou para o arroz. Fritou nuggets de peixe. Subiu um cheiro ensebado. A fumaça enovelou-se como presa nas teias de aranha nos cantos do teto. Ele jogou uma lasca de nugget para o cão, que desapareceu com o tesouro no fundo da despensa.

Sofia é adolescente, tem dezesseis anos. Lê Patricia Highsmith no original. Mas não gostou daquele filme do Mr. Ripley que o pai a fizera assistir. Achou-o antiquado, pediu licença e saiu para encontrar a Deborah — tinham um teste para participar de um videoclipe. Vanessa fora deixada de lado: é que há um limite, e disso todo jovem sabe, para o quanto uma pessoa pode ser tristonha e acabrunhada impunemente. Eu tento ajudá-la, papai, mas têm pessoas que não querem ajuda de jeito nenhum. Contam para si mesmas uma mentira e nela acreditam. Não tem mais como ajudar a Vanessa. Ela é como o sapo daquele livro. Lembra do sapo que acordou triste? Pois é a Vanessa, só que ela acorda assim todo dia.

Ela perdera muito do vocabulário francês. Dizia não haver com quem praticar, o que podia até ser verdade, mas de maneira alguma era desculpa para se jogar fora um idioma inteiro. Depois do alemão, que chegou a compreender e articular com fluência, ia se desunindo do francês. Passaram férias na Europa. Pai sem filhos se lembra bem, na cidade belga de Gent, de como a filha se comportou. Cambiava no mesmo instante qualquer conversa para o inglês. Não se espera que fale neerlandês com os locais, mas podia fazer um esforço mínimo para ao menos responder em francês. Sofia se comunicava com os garçons fazendo uso de um sotaque californiano abominável. Quando chamou a atenção da filha foi por ela acusado de esnobismo. Todas as pessoas que viajam se comunicam em inglês! Não se falaram no dia seguinte. A menina passou o resto da viagem abrindo sorrisos largos demais para garçons eslavos e respondendo *Suuuure!* a quase tudo. Adorou os chocolates da cidade, mas não exagerou. Nem nos waffles com sorvete. Houve o dia em que saíram de uma prosaica fabriqueta de chocolates com uma caixinha dourada contendo tipos sortidos do doce. Ela comeu com a mãe, caminhando pelas praças; as duas enroscadas, cabeças coladas, e enquanto voltavam para o hotel Pai sem filhos pensou que aquele fora um dia bom.

Foi durante as férias na Europa que notou pela primeira vez certa dificuldade da filha em ficar parada, concentrada. Aquilo era novo. Quando tinha lido pela última vez? Se não estava dormindo, ela não estava no quarto do hotel. Constantemente pedia para sair, falava muito ao telefone ou assistia a vídeos de coreografia.

Sofia tem dezesseis anos, passa a maior parte do tempo treinando passos trancada no quarto com Deborah. Quando vai buscar água na cozinha, Pai sem filhos confirma sua suspeita sobre os garçons: escuta a filha dizer que beijou um, todo europeuzinho de olho azul. Não entende por que ela mentiria; nem saiu sozinha. Sabe que meninas também gostam de contar vantagem, mas onde está a vantagem?

No dia seguinte, as duas escutam música na sala. A essa altura é comovente ver a filha parada. Ela está de bruços no sofá. Assiste a Deborah cortar as unhas do pé com uma tesourinha. Uma das pernas flexionada e servindo de apoio para o queixo; a outra, esquecida, pendurada, não toca o chão; a língua forçando o canto da boca. Cobertos por mechas bagunçadas, os olhos verdes da menina se mexem com rapidez acompanhando pedaços de unha catapultados pela sala. Sofia parece, ao olhar do pai, pela primeira vez na vida, qualquer coisa de natureza banal perto de Deborah.

Leva as meninas para o teste. Deborah fixa o olhar para além da janela como se ninguém dentro daquele carro lhe dissesse respeito. Pai sem filhos vê a expressão dela pelo espelho retrovisor. Autoconfiança é algo que se ensina? Ensinou disso para Sofia? A filha diz que ligará quando der hora de ir buscá-las.

Ele decide não voltar para casa. Em vez disso, vai a uma livraria. Pensa na camponesinha que viu tantos anos atrás, não devia ter nem três, pernas cruzadas, lendo o livro do sapo triste. O rosto da camponesinha assustada quando ele fez psiu. Agora pensa no rosto de Deborah assustada. Pensa em quando ele próprio não tinha nem três; depois aos seis, quando ia à escola e decorava o nome de todas as coisas e pessoas que via. Pensa em Sofia. Essa coisa de dança, de aparecer, não é pra ela. Vai sofrer. Vontade de gritar com a filha. Pequeno, gostava de beliscar os outros. Como se chamava a. Como será que acontece com uma pessoa como a Deborah? Em algum momento, ali pelos treze, um rosto como o dela se converte num enigma aprisionante. Mas e antes? Não houve delas em sua escola. Não havia deborahs na maioria dos lugares.

Pai sem filhos se lembra do dia em que a seguiu pelas ruas. Foi curioso o fato de ela se despedir de Sofia mas não ir diretamente para casa. Deborahs passam muito pouco tempo em casa. Onde estavam os pais daquela criatura que caminhava solta, estudada à distância por tantos outros pais? Foi descendo uma calçada. Quis gritar o nome dela. Naquele dia seguiu a menina por quase uma hora até perdê-la de vista.

Seguiu a garota dois outros dias, e ficou preocupado quando percebeu que ela não repetia as rotas. Se no primeiro dia não conseguiu descobrir aonde fora, nos outros a viu chegar na destinação. Deborah fazia soar a campainha de algum prédio, depois entrava. Na primeira vez, foi um edifício de cinco andares no bairro do Paraíso; na vez seguinte, um prédio bastante alto na rua Frei Caneca, a que ela chegou após somente dez minutos de caminhada. Dedo na campainha, porta aberta. No mesmo dia, Pai sem filhos pediu a Sofia, ordenou, que ela não andasse mais com a Deborah. Não posso mais andar ou ser amiga?, perguntou. Ao que ele respondeu: Nenhuma das duas coisas. Sofia não deu importância. Nem poderia: estava cada vez mais difícil testemunhar o pai se tornando preconceituoso e intolerante. Ele, por sua vez, não insistiu; a filha já não debatia como antes. Subiu ao escritório, onde masturbou-se e leu até dormir.

A mulher reclama ainda de uma dor esquisita pelo pescoço. Tá, escuta, preciso contar uma coisa. Fiquei pensando. Eu quero, gostaria, claro que quero, eu quero ter uma filha! É, eu quero que a gente tenha uma filha, o que você acha? A gente precisa de um apartamento maior, mas isso não é problema porque. E ainda mais tem aquele dinheiro do. Exato. É o que venho buscando minha vida inteira. Não vejo a hora. Sim, mas fora isso precisamos ver a data. Não, já tenho o nome. Você vai ver. Quer comer algo? É importante não deixar de comer alimentos com ferro no sétimo mês. Ando controlando o seu nível de cálcio e até agora tudo vai bem. Vou agorinha mesmo preparar aquela saladinha. Hein? Não tô chamando você de nada, sua tonta! Tente ficar em repouso, você não pode se. Eu não estou fazendo você se. Eu? Eu, nada! Pois o cão está infestado de pulgas, você já viu? Eu que não vou ficar nessa casa. E ainda por cima, temos que nos mudar de qualquer jeito já que.

    Um dia, Pai sem filhos descobriu o número de Deborah e ligou. Nervoso em seu escritório, abaixou a voz até que já não a reconhecesse e trocou algumas palavras com a garota. No dia seguinte, a encontrou. Imaginou-a deixando a escola, dando um beijo no rosto de Sofia, dizendo tchau; caminhando ao seu encontro, sendo observada à distância. Diga que pode subir. Quem havia testemunhado a menina até que ali não houvesse mais menina nenhuma? Imaginou-a deixando o edifício, caminhando (para onde?) despreocupada, até mesmo contente. Imaginou se algum pai pelas ruas de São Paulo, vendo à distância, conseguiria enxergar um sorriso na boca dela. E imaginou se esse pai perguntaria como se faz para colocar um sorriso daquele na boca de uma menina daquela. E pôde ver esse pai voltando para casa, onde jantaria e subiria ao escritório.

    Foi buscar as meninas na audição. Encontrou uma Deborah sorridente e uma Sofia apagada — não fora escolhida. Não me importa se vai haver outras oportunidades, pai. Eu quero essa, eu quero aparecer junto com a Deborah. Você não entende. Você acha que sabe tudo, pensa que entende de tudo. Eu não quero ficar falando francês com você, pai, quero aparecer no YouTube com a Deborah!

    Ficou sem falar com o pai mais uma vez. A mãe intermediava alguns poucos diálogos sobre pagamento das aulas de jazz e de teatro, sobre ela poder finalmente possuir um cartão de crédito, sobre ela ser madura para isso e aquilo. Ele passava bilhetinhos por debaixo da porta da menina, que não os respondia. Um dia ele a abraçou de súbito quando ela voltava de uma festa no horário previamente combinado em diálogo intermediado pela mãe. Os dois choraram. Pai sem filhos perguntou o que estava acontecendo, pediu que ela o ajudasse a entender, confessou não saber o que tinha feito para merecer tanta crueldade da pessoa que mais ama na vida. Sofia não respondeu, mas apertou forte a mão dele.

Uma garotinha linda que não lia, não falava francês nem alemão, não falava do belo nem do verdadeiro. Pediu que a mãe se livrasse dos troféus. E sentia alguma coisa semelhante a pavor claustrofóbico sempre que o pai escutava Erik Satie na sala de estar.

Eu estou pronto para ter uma filha, pronto! Aconteceu agora há pouco, na livraria. Eu vi uma garotinha. Ela estava vestindo uma coisinha adorável, tipo camponesa, uma camponesinha holandesa. Folheando um livro, você tinha que ver! Ela olhou pra mim de um jeito! Sabe quando você pensa uma coisa com muita força e alguém te olha do nada como se aquele pensamento tivesse chegado na pessoa? E eu sei, não precisa me dizer, eu sei que eu tô parecendo meio louco. Eu entendo que uma decisão como essa não pode ser tomada a partir de. Ela tava lendo o livro do sapo triste, tão precoce!

Pai sem filhos detestou mais do que tudo não poder falar com a filha, aquele gelo sem sentido, aquela diatribe colegial. Queria abraçar o corpo dela e falar no seu ouvido como antes. O que você acha, minha linda, de a gente pedir umas seis pizzas das melhores, com camarão e tudo mais, que você acha de a gente distribuir entre os moradores de rua? Uma festança em baixo do prédio! *A rockin' party*, diria ela. *Une fête comme jamais on en a vu!* Mas não se falavam. Sofia passava da porta da sala ao quarto, do quarto ao banheiro e à cozinha, depois de volta ao quarto.

Então, um dia, quatro meses depois, ela se lançou nos braços do pai, cravando as unhas em suas costas. Apertou-se nele com força e chorou: Vanessa morreu, Vanessa morreu. O pai sentiu o aroma do cabelo dela. Espremeu o corpo da filha, mas parou quando achou que a estava machucando. Beijou a menina nos olhos, na testa, nos ombros, na boca. Pediu que ficasse calma e contasse o que acontecera. Aquele foi um dia bom. Os dois conversaram sobre tudo que vinham guardando nos quatro meses. Sofia contou que estava desenvolvendo um estilo original nas aulas de teatro. Disse que era grata ao pai por ele sempre lhe falar sobre encontrar o estilo próprio. Contou da briga tensa que tivera com Deborah, das cólicas menstruais, de como nunca conseguiria ser muito amiga da mãe e não sabia por quê. Contou do quanto se sentia triste por Vanessa. Pai sem filhos serviu vinho para a filha, nunca conhecera felicidade tão rochosa. Vanessa fora encontrada nua, enforcada num quarto de estudantes na cidade de Lille, onde fazia sua formação em Belas Artes.

A mulher espirra num maço de papel higiênico. Desliza a mão na face de Pai sem filhos. Diz que é preciso pensar com mais cuidado sobre o assunto. Chama atenção também ao fato de que pode nascer um filho, um filho homem, pois quando se deseja trazer ao mundo uma criança não é certo dizer Quero ter uma filha. Pede por fim que parta em dois o Tylenol, beijando o rosto dele, pois se sente muito, muito fraca, como se seus membros houvessem sido pisoteados.

Sofia se aninhou no colo dele. Pai sem filhos sentiu o peso quente e macio do corpo dela, a dormência mágica que o vinho lhe trazia à pele do rosto. Ela chorou baixinho mais uma vez, sentia vergonha por não ter ajudado Vanessa quando pôde. Devia ter dado um presente para ela. O livro do sapo triste. Disse que devia ter mandado o livro para a França, onde ela estava. Certas pessoas, ela disse, se você não toma conta, vão desaparecendo. Fica só a casca. *A shell of a person, papa.* Olhou-o nos olhos. Todo mundo é mais ou menos como a ponte do Monet, lembra, pai, que você me levava? Todo mundo vai tomando forma. Mas tem gente

49

que não adianta. Você pode olhar da maneira que for, de todos os ângulos, pode tentar tudo: nunca tomam forma. Quanto mais a gente se afasta e olha, mais borrado ficam. Você, papai, você é assim também. Você só não se desmancha todinho porque eu não deixo!

 Ofereceu mais vinho à filha. Rosto dela já começando a ficar vermelho. Já contei da primeira vez que te vi?, ele pergunta.

Uma noite tão linda para praticar autotomia

Já, já, eu explico como faz para nadar entre as estrelas. Por ora, tento lembrar daquela noite e contar tudo direitinho. Vejo os prédios do bairro. Consigo enxergar as esquinas e as pessoas que por ali batem papo perto da lavanderia industrial. Vejo muita coisa, mesmo no escuro. Escuto as vozes que vêm da piscina olímpica (e é sobre ela que quero falar porque foi lá a primeira vez); o torneio de natação ecoa na minha memória, nunca saí de lá: eu na arquibancada, os joelhos ralados porque subi sem prestar atenção e os lacerei no cimento pedregoso — a penugem que saiu de mim nunca mais voltou. Tenho já alguns segundos de vida e estou inteiro na piscina; acima, miríades de pernas de toda constituição e grossura se debatem. Vou à parte mais funda, pois tenho medo que me machuquem. Farelos se desencarceram do meu pescoço enquanto desço a nado de rã. Eu os vejo se afastando, tocando as outras pernas. Mais farelos zarpando dos cotovelos e olhos — estes incolores ou cor de água clorada. Agora dá para ver uma fumaça avermelhada saindo do joelho. Mas a fumaça sai dos meus cabelos também. Entram filhotes de seres marinhos pelas minhas orelhas, pequenos soldados que fazem uma faxina rápida e esqueço que estou dentro da água. Nunca pude ver de tão longe a piscina; é belíssima, um azul elétrico na paisagem. Por meio dela que me guio. Alinho os olhos, depois o corpo, e vou nadando, fatiando a massa negra da noite. Aqui em cima não é diferente de estar dentro dela, digo, lá embaixo. Os ecos do torneio soam como uma voz profética quando batem no capô dos carros. O Djalma consegue escutar lá no portão da escola. Agora deixo a piscina olímpica e vou para casa. A noite do bairro de Setúbal sempre cheirou a roupa limpa. Aqui se inicia, na verdade, o que vim dizer sobre essa noite esquisita. Mas acho que preciso falar também de como eu nado. Porque contar uma coisa é o mesmo que contar a outra. Imagine seu corpo na água, mas você não tem os pés nem as mãos, no entanto as bate como se a intensidade do esforço as fosse fazer brotar dos punhos. Pronto, você desliza. É isso: desliza numa geleia escura; você é a unha de alguém transpassando um cabelo empapado de brilhantina. Não, uma gelatina de estrelas, melhor assim. Acabo de lembrar que não fui à piscina, não nessa noite. É que eu queria me esconder, e não consigo nem um minuto sem respirar na água; fora dela a coisa não melhora tanto. Mas agora começou de verdade, vamos lá. Há conversa na casa. Sou muito novo para entender o que se fala, tenho quarenta e poucos. Brinco com uma máquina de escrever e conto a história de um bonequinho que faz poesia. Meu pai chegou. Passei o dia esperando pra contar uma coisa. Mas dá vergonha. Muita vergonha mesmo, sei nem como começar a falar. E ele ainda por cima tá bravo. A luz azeitada da sala ilumina-lhe testa e olhos. Os olhos eu nunca consegui ver com clareza, mas na testa há gotinhas de suor de quando volta do trabalho. Queria saber como é ele chegando, estacionando o carro naquela garagem com cheiro de barata que conheço tão bem. Tenho medo da garagem. Quando pediam para buscar alguma coisa esquecida no carro, eu gelava. Mas é que eu tinha só cinquenta, e a garagem faz um som esquisito no meio da noite, como uma respiração forte e cansada que não sei a quem pertence, mais ou menos parecida com o som que escuto daqui de cima. Deve ser a noite respirando. Na cama, mordo o travesseiro e respiro pela boca. Um sabor doce se solta do algodão. Olho para a parede. Eu sou muito pequeno, mas não adianta, precisava ser ainda menor. Faço um pingo mínimo na parede com um hidrocor. Talvez o problema seja que eu ocupo esse espaço todo, com braços e pernas e cabeça e cabelos e unhas, e dentes e língua e planta dos pés, e nariz, umbigo e barbatanas, barba, cílios e espinhas, e guelras e penas, e fuste e cartilagem, ventos e ventosas, parafusos e alergias e polias, tudo indivisível, tudo parte inoperante do mesmo átomo, tudo uma lista infinita correspondendo a coisa nenhuma, o que no fim quer só dizer que não posso esconder pedacinhos de mim pelos cantos a fim de que o impacto da minha presença não resulte tão sumário em retinas mais atentas. Eu sou coisas demais para passar despercebido. Meu pai anda de um lado ao outro. Prepara uma bebida e ao mesmo tempo desfaz o nó da gravata. Eu sou muito novo para saber o que há no copo, tenho cinco meses de vida. Ele lança um olhar para além dos prédios que formatam o horizonte. Talvez me enxergue: um pontinho rutilante na gelatina celeste. Entro em seus pensamentos para poder contar a história direitinho, mas não consigo enxergar. Estou numa vala escura, ou sou a vala, não sei. Saio apressado com medo de sumir para sempre. Aqui de cima sei que o dia foi difícil para ele; lá embaixo, não. E como faz pra saber? Se partindo, ora. Como fiz na piscina da primeira vez. Vou ensinar. Tem que prender a respiração por tempo suficiente até a cabeça começar a doer e o peito ficar maluco de quente. Depois vai de cada um. Eu mesmo solto a respiração espirrando, aí viro um monte de cacos e apareço lá dentro, na mente dele, ou onde eu quiser. Assim fico sabendo de tudo. Hoje ele cometeu um erro tolo no escritório. Podia acontecer com qualquer um. É como quando eu, lá embaixo, começo a salivar de boca entreaberta e minha mãe reclama, pede envergonhada que eu retenha a baba dentro da boca. Meu pai salivou no escritório, foi isso. Acho que entrou lá um homem gritando e chacoalhando na mão um punhado de documentos. Os números não batem!, ele berra. E foi aí, bem nesse momento: meu pai abriu a boca só um pouco mais do que devia e a seiva fluiu com facilidade. Primeiro pelo queixo, entrecortando fios na barba, depois a saliva repartiu-se, pingando à vontade nos documentos que o homem bravo acabara de jogar na mesa. O cuspe grosso desfazendo e refazendo ligações numa haste translúcida. Foi isso. Ele se babou todo. Não tenho a idade certa, acima ou abaixo, para poder explicar o que aconteceu; posso até ser um pingo de hidrocor, a memória de um embrião de vida mineral que completou dois dias inteiros e já está esgotado, mas sei que ele errou no trabalho que tentou fazer hoje. Quero dizer a ele que vai ficar tudo bem. Então vou deslizando. Agora está bem fácil descer. Ele dormiu. Por que nada no mundo é melhor do que deslizar na gelatina de estrelas? Vejo a testa dele. Olha ali o menino, por trás do pai, esfregando as mãos. A essa hora da noite o sangramento na cabeça estancou, o cheiro de podridão também sumiu. Que tanto fala, mesmo? Ah, está apaixonado. Não é maravilhoso? Uma braçada mais forte e adentro a varanda. Nem uma gota de suor na testa. Dou um beijo no meio dos olhos do meu pai. Está feito. Um beijo pra sarar. Agora vou cravando meus tentáculos pra longe daqui, pois já escuto a barulheira. O copo se estilhaçou no chão. Contei tudo direitinho, não foi? Sobre como nado também? Sim, uso tentáculos pra nadar, não era isso? Não repare, eu sempre esqueço qual animal sou.

Oito de dezembro

I.

Ainda hoje, quando se vê em dificuldades, reza. Com o travesseiro apertado entre as pernas, corpo exausto, olhos ressequidos e consciência vacilante, reza. Pai nosso que estais no céu, geme sob o lençol. Santificado seja o vosso nome. Gosta do ritmo das palavras, da maneira como o som faz tremer o topo da cabeça e os canais auditivos. Rezar é como usar um cotonete. Não acredita em possíveis benesses originadas pelo ato, mas rezar por rezar lhe basta. Quando menor, fazia-o todos os dias independentemente do que sentisse. Pedia para não ser agredido na escola. Pedia para acordar mais animado, como diziam, no dia seguinte. Agora pede para que ela apareça ali na esquina, saindo de um táxi, viva; sorrindo, se possível, mas se não sorrir pouco importa. Bendito sois vós entre as mulheres.

Quando se sente muito só, ainda hoje, reza. Aprendeu que rezar o pai-nosso faz surgir camada mais espessa ao redor de si, e mesmo as coisas que ele vê pela fresta das pálpebras, pronto para dormir, parecem iluminadas de um jeito diferente. Não gosta de pensar muito no porquê, mas se sente melhor. Amparado, até. Menor, rezava para que as outras pessoas não o destruíssem. Hoje, reza pelo mesmo motivo, incluindo-se no vasto grupo dos algozes.

Ser adulto é experimentar a solidão mais plena que há. Antes, ficar sozinho resolvia a maioria dos problemas. Afastava-se decidido do aglomerado de vozes e corpos. Os ambientes socialmente designados para a reunião de pessoas o exasperavam. Uma sala de aula, as crianças sentadas em círculo, uma sala de jantar, um shopping center. Era, criança, uma coisa só, solta, uma pessoa apenas; seus pais sabiam se cuidar muito bem, assim como as tias. Hoje, ali, embaixo do prédio, chacoalhando de medo, amaldiçoa não ser responsável apenas por si mesmo e lembra, enquanto estica o pescoço para enxergar o táxi que aparece no final da rua, do seu pai, no dia em que subiram o Morro da Conceição. Ela não está dentro do táxi.

Ao ficar sabendo da penitência que pagaria em família naquele ano, subindo o morro para acender velas entre milhares de fiéis, sentiu um terror instantâneo.

— Quando chegar lá em cima, reze pelo seu pai — disse a tia. — E trate de estudar porque vai que alguma coisa acontece com seu pai, deus me livre.

O pai corria risco de ser demitido do banco. Naquele ano, decidiu-se, toda a família teria de fazer um sacrifício coletivo e subir o morro, rezar junta para que Nossa Senhora da Conceição, servindo de intermédio para a bondade divina, poupasse o emprego do pai.

Faz frio. O porteiro está curioso. Ele sai de perto do portão, vai à esquina, onde há uma banca de revistas, a essa hora fechada. Se passar mais tempo e ela não aparecer, talvez chore. Inicia nova oração. Pensa no pai e na bondade divina. Perdeu a conta de quantos táxis já passaram. A essa altura, não é ele quem escolhe rezar. Pai nosso que estais no céu, alguém insiste.

II.

No dia de subir o morro, acompanhou a mudança do cenário pela janela do carro. Ficou para trás o bairro de Boa Viagem, com seus prédios altos e coloridos, e adentraram um lugar completamente diferente, onde as pessoas assavam carne nas calçadas. As casas pareciam, todas, não ter sido terminadas; quando estavam terminadas não eram pintadas. Não havia prédios, o que era muito esquisito e dava um pouco de medo. Havia cheiro de xixi e cocô. Ninguém da família se impressionava com nada daquilo, com certeza haviam estado no local antes. O pai de quando em quando abria a janela para pedir informações. Ficava com um olhar pensativo depois. Ele pedia para aumentar o ar-condicionado, ao que mãe e tias respondiam não, coisíssima nenhuma. A avó se conservou calada durante o trajeto.

O carro andou um pouco mais e ele pôde enxergar o morro; via diversas casinhas salpicando sua superfície. Pensou que gostaria de morar numa casinha sobre o morro, mas não naquele morro, não gostaria de ver tanta gente subindo ao lado do seu portão. O pai encontrou um estacionamento adequado.

Todo mundo desceu do carro. O pai ergueu os braços e era como se comandasse os passos da mãe e tias, mas não o da avó. Ele, mesmo olhando para o pula-pula e o bate-bate, passou a seguir na direção apontada; uma mão invisível, e firme, o puxava pela camisa. Eram centenas de pessoas subindo a escadaria, talvez milhares. Muitas senhoras idosas subiam em ritmo lento. Carregavam caixas de velas aos montes. Não dava nem para entender como seguravam tudo numa mão só.

Depois de subirem um pouco, o pai comprou quatro caixas de velas de um comerciante. Cortou o plástico com o canivete que tinha no chaveiro e deu uma para a mãe; as outras três, para as tias e avó. Ele pediu uma caixa. O pai respondeu que lá em cima ele poderia acender uma vela, ou talvez duas. Ele olhou lá para cima e não conseguiu ver nada além de cabeças; quis desistir do trajeto. Subir aquela escadaria era a coisa mais idiota que a família já fizera, dentre tantas. O pai conseguia enxergar adiante porque era mais alto. Talvez por isso fosse mais fácil saber onde cada pessoa da família estava. De vez em quando, ele tinha que ajudar a avó; ela não pedia auxílio, mas era bem possível que saísse rolando escada abaixo se ninguém viesse sustentá-la sempre que desequilibrava. O cheiro era insuportável. As pessoas daquela cidade, ou daquele bairro ou daquele lugar, não deviam ter banheiro em casa, faziam as necessidades nos cantos da escadaria, criando um córrego de lodo. Ele ficou tonto e quis vomitar. O pai indicou que havia um atalho. Ergueu mais uma vez a mão; cada membro da família era como um barquinho reposicionando-se na nova rota que o farol flamejara. Ele não quis pegar o atalho, preferia continuar subindo os degraus normalmente porque subir os degraus é simples, todo mundo entende, e pegar o atalho significava arriscar a vida. Como o pai podia propor tamanho absurdo? Sobre um espaço de concreto em que cabia pouco mais de dois pés, os barquinhos espremidos seguiram. Não tirem a mão da parede, disse o pai. Ele olhou para baixo e viu o quintal de um barraco; uma velha fumava, mas parecia que dormia ao mesmo tempo. Ele alternava os passos com cautela e temia muito que a mãe, ou qualquer outra pessoa tropeçasse. Era fácil cuidar das pessoas da família desse jeito, deixando que corressem tanto perigo. E vovó? Olhou para o lado esquerdo. Ela não estava com medo. Movia-se, na verdade, com mais agilidade do que ele. Ele quis pegar na mão dela, mas sentiu que, se o fizesse, poderia desequilibrar e levar os dois abaixo para o quintal da velha. Todo ano é esse carnaval, disse a avó. Quando eu for pai, pensou, não vou levar minha família num lugar tão sujo, tão fedorento e fazer com que eles temam pela própria vida. Faria tudo diferente dos adultos quando adulto fosse.

    Chegando ao final daquele trecho, abria-se um caminho largo que levava a uma outra escada. O pai ajudou a avó a pisar em terra firme após a primeira etapa. Enquanto a família seguia, ele olhou para onde acabara de atravessar; não parecia demasiado estreito, mas ainda era um absurdo completo que tivessem que passar por aquilo. Ele percebeu que mais uma família, do outro lado, se arriscava no mesmo caminho. Saiu de lá.

    No resto da subida, ficou clara a vantagem que o atalho tinha em relação à escadaria: não havia quase ninguém por ali. A família subiu rapidamente e, ao chegar no topo do morro, a ela foi descortinada a paisagem dos fiéis, muitos ajoelhados, acendendo velas. Chegando mais perto, ele fechou os olhos, que ardiam demais. A família se posicionou em frente ao velário. Ele acendeu quatro velas. A princípio foi complicado porque o bafo quente do fogo fazia com que tirasse a mão e o rosto toda vez que se aproximava. Com muita força, tentou rezar pelo pai, mas o pensamento sempre ia dar em outra coisa. Escutava o burburinho das velhas ao lado, a música que vinha de longe. Então abria os olhos e ardiam insuportavelmente. Pai nosso que estais no céu, retomava. De novo, pediu pelo emprego do pai. Por favor, deus, por favor, faz com que meu pai não perca o emprego. É difícil saber o que se está dizendo na cabeça quando a fumaça dificulta a respiração. Ele parava o tempo todo para tomar ar. Rezou para o pai não ficar desempregado e para não se perder no morro, que era um lugar muito, muito grande e cheio de gente que nunca se viu antes, sempre gente muito velha e muito doente; um bocado de gente sem perna ou com os pés deformados, ou com a barriga de fora infestada de feridas, ou com bolas de pele saindo de lugares que não deviam sair. Santificado seja o vosso nome, retomava.

 A avó se desgarrou da família dizendo que ia ver a paróquia. A mãe insistiu que ele a acompanhasse. Assim, os dois perfuraram da forma que deu um caminho entre os fiéis. Demorou até chegarem na porta da paróquia; ele com a mão nas costas da avó. Só quero ver a Nossa Senhora, ela disse, não precisa entrar, não. Não precisa esse carnaval, não. Ela juntou as mãos e permaneceu parada. Ele a escutou dizer: Porei inimizade entre ti e a mulher, entre a tua descendência e a dela. Tu lhe ferirás o calcanhar e ela te esmagará a cabeça. Ele olhou para o monumento, mas não conseguiu ver bem porque estava longe. Quem é, vovó?, perguntou, mas ela parecia não haver escutado. Iniciou-se um canto na paróquia. Ela chamou o neto para se juntarem à família.

Almoçaram sarapatel num restaurante que mais parecia um outro barraco prestes a desabar. Muita gente ocupava as mesas dispostas no terraço e falava alto, não se podia distinguir coisa alguma na mescla de falatório e canto da procissão. A fumaça dominava completamente o ambiente. Ele disse que o sarapatel não era nada bom, que tinha gosto de areia com farinha. O pai achou graça e perguntou se ele já comera areia com farinha. Toda a família riu. É nojento, ele insistiu, tem gosto de, e deteve-se. Tu é um cabrinha difícil de agradar, disse o pai.

III.

Pai nosso que estais no céu, se a matarem, que não a estuprem, por favor, por favor, seja feita a vossa vontade. Se a estuprarem, que deixem-na viva, por favor. Ainda não há chamadas no celular.

Não vê-se táxis no final da rua. Sente-se pior ao pensar que toda a cidade está escura e desabitada. Não acha que tenha sido indelicado com ela, não acha que a tenha agredido, mas ela pensou ser razoável sair de casa àquela hora depois do que escutara. Ela não demonstrara tal temperamento antes. Queria erguer a mão, reposicionar o seu amado barquinho, perdido naquela cidade suja, para que retornasse salvo ao conforto dos seus braços. Talvez seus braços nunca tivessem oferecido conforto algum. Pensou ter visto faróis de carro no final da rua, mas o carro não veio. Cada pessoa tem um limite, cada um aguenta escutar um tanto antes de partir sem rumo à meia-noite dentro de um táxi.

Ela não atende. Quer ligar para o pai; quanto tempo será que faz? Quer perguntar-lhe qualquer coisa importante, como naquele dia em que perguntou do que ele sentia medo. O pai repousou o uísque na mesa, balançou a cabeça como sempre fazia quando estava bêbado e respondeu: Eu tenho medo quando estou num lugar novo. Ele ficou interessado na resposta, embora não tivesse compreendido. Como assim? O pai seguiu: Olha, quando eu chego num lugar e. Opa, olha, não conheço nada aqui. Aí você tem medo?, perguntou o filho. Bem, não sei, mas um ambiente desconhecido, né, tu tem que entender a situação. Tem que dizer, opa, quem é que manda aqui? Vou descobrir quem manda aqui que é pra eu começar a mandar nesse filho da puta. Balançou a cabeça mais uma vez, como se o gesto fosse capaz de dissipar álcool da linha de raciocínio. Então é só quando tá num lugar novo? Sim, e aí tem que descobrir quem é o cara para mandar e desmandar nesse filho da puta. Tu tem que entender que o mundo é uma bola que você gira e faz o que quiser com ela, disse enquanto tentava recobrar o ar após tossir profusamente. Então ficou mais difícil de entender o que ele queria dizer; acabou ajudando o pai a chegar no quarto para dormir. Se pudesse ligar para ele agora — olhou que horas eram no celular —, talvez ainda estivesse acordado e certamente não estaria bêbado porque deixara o hábito há uns anos.

No final da rua, apenas escuridão. Ele não dissera nada de horrível a sua mulher, nada que não houvesse dito antes, pelo menos. Que desesperador é ter de cuidar de uma pessoa.

Nos anos seguintes, sempre no oito de dezembro, continuou a acompanhar a família na subida do morro. Com o tempo, deixaram de levar as tias e a avó. As tias ainda iam por conta própria, de ônibus; a avó não suportava mais o esforço.

A experiência continuou sendo penosa. Já o atalho que pegavam para driblar a multidão na escadaria parecia-lhe ótima ideia, além de ser divertido quando se sentia de bom humor. Sempre acendia velas no velário e rezava enquanto sentia no rosto o hálito quente do fogo. Não precisava mais rezar para que o pai mantivesse o emprego, já que ele fizera um ótimo acordo de aposentadoria com o banco. Pediu coisas diferentes em cada ano. Rezou para que não se mudassem de bairro; depois para conseguir uma namorada; depois para que a namorada fosse a Camila; e depois para que a Camila voltasse a ser sua namorada. Nossa Senhora da Conceição, ele concluiu, concedia desejos utilizando a exata ordem de cinquenta por cento. Naquele ano, portanto, deveria escolher bem pelo que rezar.

Pela primeira vez, a mãe não os acompanharia. Adoecera. Estava toda coberta e, ao lado dela, uma montanha de bolinhas de papel higiênico. O pai trazia-lhe sopa. Perguntou com um sorriso: Vai querer mais o quê, boca-livre? A mãe quis saber se o menino já tinha se arrumado para o morro.

Outra novidade, naquele ano, era que iam pagar promessa à noite; haviam passado o dia à espera de que a mãe melhorasse, o que não aconteceu.

Os fiéis eram mais feios no escuro, pareciam ainda mais doentes. O pai não erguia o braço para guiar o caminho. O cheiro, percebeu, nunca mudava. Não utilizaram o atalho dessa vez. No escuro, disse o pai, é perigoso. Mas não havia a mesma multidão de sempre e consequentemente era mais fácil se mover na escadaria, subiam mais depressa. Lá em cima tinha mais gente. Todos espalhados pelos bares e muito poucas pessoas nos velários. Naquele ano, ele rezou para que os pais não se separassem. Parecia-lhe a melhor coisa a pedir, embora não se importasse muito com o que acontecesse. Se o divórcio saísse, ele decidiria morar com o pai. Seria mais fácil, pensava, ajudá-lo a ir dormir depois de beber, ou ajudá-lo com o computador do que obedecer aos pedidos incessantes da mãe e ter de tomar parte nos afazeres domésticos — não há vida a ser vivida se o sujeito precisa lavar a louça. Olhou para o pai; ele não rezava. Para que viera? Era ele que vinha porque o pai queria, não o contrário. Por que tinham que passar por todo esse teatro, se quando chegavam lá em cima o pai não rezava? Ele quis mudar o pedido, não ia pedir para que Nossa Senhora interrompesse um possível divórcio dos pais; devia pedir algo para si mesmo. Finalmente, quis apenas tirar o rosto do bafo quente das velas e acabou não pedindo nada.

Ao descerem deram de cara com um desenhista na escadaria. Ele tinha uma grande tela com muitos papéis em branco. Prometia fazer uma caricatura incrível das pessoas. O pai pagou ao desenhista para que retratasse o filho. Ele pousou para a caricatura, mas tinha medo que ali se revelasse um menino feio aos olhos do pai. Diz um bicho que tu gosta, falou o artista. Ele gosta de passarinhos, respondeu o pai.

Eu gosto de passarinho? Lembro disso não, disse ao pai com o desenho nas mãos enquanto desciam a escadaria. Havia música vinda de longe mais uma vez, cantoria de procissão. O que mainha tem mesmo?, ele perguntou. O pai respondeu que era febre.

Ao chegarem em casa, o pai anunciou que ia pedir pizza; a mãe não saíra da cama. Ele foi para o quarto e colocou o cartaz com a caricatura enrolado ao lado da cama. Estava animado com a pizza. Da porta entreaberta do quarto da mãe, escorria a luz azulada e fraca da televisão pelos cantos do corredor. Ele decidiu ir ao quarto dos fundos dizer para o pai não esquecer das bordas de catupiry. Ao se aproximar da porta, percebeu que ele rezava. Ficou irritado: por que não rezara no morro? Por que não pedira suas coisas a deus lá no morro, por que tinha que todos os anos levá-los a subir aquela coisa toda, se apenas iria rezar quando chegasse em casa? E, principalmente: por que rezava de porta aberta, fazendo ceninha para que o filho visse? O pai mantinha os olhos fechados e tinha nas mãos um terço. Ele voltou para o quarto, fechou a porta.

IV

No final da rua, nem sinal da mulher.

Talvez, pensa, eu nunca mais a veja, talvez ela tenha desaparecido para sempre. As pessoas morrem quando menos se espera. Quer dizer, quando as pessoas morrem, a gente nunca acha que elas estão para morrer. Ou ainda. Quer ligar para o pai e dizer que fez besteira com a mulher, que ela não está de cama nem nada, não está com febre, nada disso, quer dizer que foi ele que fez besteira. Ela fugiu de casa. Preferiu sair andando no meio da madrugada a ficar no apartamento mais um minuto que fosse com o filho dele. É um ambiente que não conheço, pai, pensa, é um ambiente novo. Quero mandar e desmandar no filho da puta que fez isso, pai! Você não se divorciou de mainha, como fez isso?

Pai nosso que estais no céu, ela apareceu no final da rua, dentro do táxi. Bendito sois vós. Tá com uma cara de quem vai matá-lo. Ótimo.

Ela desce do veículo. Deixa que eu pago, ele diz. Tremendo, passa o cartão de crédito para o taxista. Olha para ela. Está ali, viva. Não foi estuprada, não está machucada. Sem esperar por ele, ela sobe. Obrigado, diz ao motorista. Na paz, irmão, responde o homem. Um terço pende do retrovisor.

Enquanto ela bebe água, ele não consegue esconder um sorriso, o que a irrita. Que bom que você tá aqui, ele diz. Abraça-a e ela o empurra. Eu tava rezando, pô, diz. Rezando, velho! Ri ainda mais alto. Tipo pai nosso que estais no céu, sabe, tipo isso. Ela vai para o quarto sem dizer nada. Espera, tu foi para onde?, ele pergunta ainda da cozinha. Quando se aproxima do quarto, percebe que ela trancou a porta. Diz só onde tu tava, eu te deixo em paz depois. Ela não responde.

De volta à sala, ele sorri mais uma vez, sente o corpo inteiro estremecer como se estivesse fazendo xixi. Respira fundo. Então fecha os olhos e ergue o braço, apontando o topo de uma escadaria, realinhando seus barquinhos.

O último minuto custa a chegar, mas é maravilhoso

I

Sou um menino dócil, ninguém dirá o contrário. Se cospem na minha cabeça, eu não olho para cima; não quero constranger quem cometeu tal indelicadeza. O caminho pra casa eu sei de cor, embora não me deixem voltar sozinho. Espero pela empregada na frente do portão da escola. Ela pega na minha mão, o que me dá nojo. Valter sente nojo da Angélica, e quando ele tem que dançar quadrilha com ela, cospe na própria mão. Então a Angélica precisa tocar no cuspe. Com esse tipo de grosseria eu não concordo. Ele não é uma pessoa má, o Valter. Então eu acho que, na verdade, ele gosta dela e cuspir na própria mão já me parece uma coisa inteligente de se fazer nesse caso, no caso de gostar de uma menina, digo. Eu sei o caminho de casa. Sei o nome dos barraqueiros que aparecem no caminho de casa. Nunca falei com eles. Mas vivo tantas vezes a mesma coisa, o caminho, o desvio da árvore, o cuspe, a cabeça vazia logo de manhã, a filinha para o hino nacional na quadra poliesportiva, que, em algum instante, seus nomes me foram revelados. Acontece assim: vou juntando caquinhos de informação a cada dia. Se escutei a sílaba Ro na terça, e a Que só na sexta, sei que o moço que vende maçãs e beringelas se chama seu Roque. Assim, sem esquecer nada do que acontece, eu passo a saber bastantes coisas de cor. As pessoas pensam que sou maluco, que estudo demais ou sei lá, mas é só que eu não consigo esquecer nada; não é impressionante, não é legal, nem divertido, é só que quando preciso pensar em alguma coisa a coisa já tá lá. Vem chegando a empregada. Oi. Não, hoje vamos por aqui, não quero passar pela árvore. Não quero pegar na sua mão, quem você pensa que é?

A disposição de crianças numa classe de pré-alfabetização é circular, se não pelo fato de todos poderem se olhar e se perceber, então por possibilitar à professora manter os alunos em *seu* campo de visão, enquanto ergue a dezena do material dourado. Matemática é fácil. A professora se parece com alguma coisa intermediária entre criança e adulto, híbrido prazeroso em que se pôr os olhos, mesmo altona do jeito que é. Um feixe de luz solar entrando numa das narinas de Zuzu revela conglomerado dançante de pequenas minhocas no ar, na sala de aula, essa minha atmosfera de acolhimento nenhum; eu já sei que não são minhocas ali, mas poeira, poluentes, detritos de você e de mim, além da vasta vida microscópica, bem diferentes das moscas volantes que me afligem logo de manhã, quando sou pouco mais que uma massa sem sangue sinuando na cama. Não sou eu ali quando acordo, sentindo o gosto ruim da própria boca sempre pela primeira vez, sempre nojento. Acordar sempre pela primeira vez. Súbito jato de luz contornando a remela cristalizada, pedreguenta, que não aguenta o mero abrir de pálpebras. Sempre dói. Não é que minhas células fotossensíveis sejam mais sensíveis que as outras, é só que quando eu olho para alguma coisa eu olho de verdade, e aí um sem-número de perguntas se encadeia na minha íris a partir da imagem petrificada, o que me impede de olhar para a próxima coisa, o que me impede, por sua vez, de simular um ritmo, senão próximo, ao menos de dissonância mais discreta do que aquela que expressam, por exemplo, o Augusto, a Olga, a Angélica, o Valter e a Mushika, essas crianças todas de nome insignificante que insistem em transfigurar meu repouso matutino.

Professora fica animada quando fala de números. Não tanto quando o assunto é pintura, coisa de que eu gosto. Hoje praticou subversão ensinando duas contas de somar. Um mais um, dois mais dois. Imagina o que vem depois.

Todo mundo sabe que não se ensina operações matemáticas a turmas de pré-alfabetização. Tia Zuzu, como a chamam as crianças, é divertida. Zuzu é nome de velha, mas a minha Zuzu é alguma coisa intermediária entre criança e adulto, mesmo altona do jeito que é. Ela olha para mim. Meu sorriso é falso, olhos fixos na janela, desatenção ensaiada, só de mentirinha, premeditada. Todos os olhos em cima de mim, sinto os olhos dentro do corpo de Zuzu em cima de mim, dentro de mim. Os olhos das crianças do lado de fora, dentro delas, dentro de mim. Perguntem-me qualquer número, eu digo. Olha aqui, quinhentos e oitenta e oito. Eu sei até fazer equações. Nada é difícil se você olha com muita calma.

Sei o caminho de casa de cor, o nome dos barraqueiros, o nome do meu pai, mas não sei o nome da menina ao meu lado em quem dou beliscões, é porque eu gosto demais dela e o nome já não importa. Acho que vou cuspir na minha mão e passar na cara dela. De qualquer forma, chamo-a de Deborah.

Sento perto da professora. Tia Zuzu cheira bem. E eu sou adorável. Algo no meu rosto, sou dócil, ninguém dirá o contrário. Se tenho dificuldades com a tarefa faço cara tristonha, bato a mão na testa; aprendi num desenho, numa novela, com a Angélica, com a minha mãe quando ela se queimou no fogão. Não vejo a hora de entrar na alfabetização. Idade suficiente para fazer tudo que eu quero. Seis anos. Beliscar e beliscar. Número mais belo que se já inventou. Melhor ainda ao falar: dois esses, seis; qual palavra tem seis esses? Pensem entre vocês, seis. Papai. Dois pês. O problema é que eu nunca tenho dificuldades com a tarefa, é algo que finjo. Faço cara de tristinho e a professora me pega no colo na frente de todo mundo. Aí eu me arrependo, fico superenvergonhado; porque é falso, porque, mesmo que eu goste muito de ir pro colo, eu sei que estou me comportando como uma criança boba, coisa que não sou: eu *sempre* esqueço que não sou mais uma criança boba.

Eu sei de cor o caminho de casa, o nome do meu pai e dos barraqueiros, sei que a Deborah não é Deborah, que as minhocas anaeróbicas, às vezes, existem somente por má formação da retina ainda *in utero* e também sei, ao contrário do que diga qualquer adulto, que nada jamais vai ficar bem.
 Os nomes dos pais já estão dentro da caixa. Todo mundo atento. Roda de crianças agitada. Professora eleva volume da voz para ser escutada enquanto o sol entra pela janela e se cola no rosto disforme do colega gordo, que boceja, língua mais rosa do que deveria ser, que amassa o desenho de sol na cor errada, verde Chartreuse, até o mais idiota dos idiotas perceberia, em tinta acrílica da atividade anterior quando estica o pé. Garoto besta. Todo menino é abestalhado. Meu deus do céu, essa pequenada toda que se faria muito mais útil se moída e transformada em recheio de linguiça!
 Saberão todas as crianças os nomes completos de seus pais? Sei o nome do meu pai. Laços do sapato ficam se desfazendo o tempo inteiro. Que vontade incontrolável de chorar; choraria se eu fosse uma criança boba. De olho no viveiro. Casinha dos pássaros em que pequeninos ovos antes de chocados serão lançados ao chão com toda a força de uma criança, para partir-se com som de bola de gude no concreto, som que consegue ser menos seco do que o de uma cabeça socando o chão da quadra.
 Encanta-me a professora. Essa mulher-montanha. Ela chacoalha a caixa. Escuta-se abafado farfalhar, far-far-falhar. Levanta o menino gordo de rosto disforme. Diz: Meu pai é O Que Dorme. Levanta a menina ruiva, a Olga. Meu pai é Valber, o que Volta. Levanta a Cátia, enfia a mão na bunda e desgruda dela a calcinha, sorrindo, dentes, dentina, sorridente. Diz: Meu pai é o Doente. A Cátia ganha formas empoeiradas quando passa pela janela e olha para mim como quem se dá conta da existência de um percevejo amassado. Saem mais nomes da caixa. E depois mais nomes. As crianças voltam para casa com feridas nas coxas por causa

das pedrinhas no chão da sala. Passam horas procurando melhorar a posição em que sentam. Levanta o garoto mais alto, claudica até a caixa, retira seu papel. Está no papel: Augusto, pai: Arthur. O tonto finge que lê o papel, mas fala um nome decorado, o nome Arthur. Um primeiro exercício de leitura, pois nenhum dos basbaques conhece o alfabeto ainda.

Se o mundo inteiro fosse eloquente como você, Zuzu, ou fosse um tantinho mais sensível. Aprenderiam não só matemática, mas o que quisessem, Zuzu. Onde está o nome do meu pai, Zuzu? Mulher-montanha me oferece um copo d'água enquanto estou no seu colo na frente da turma. Ainda assim, nunca fui uma criança boba. Levanta Mushika, a menina menor da turma. É como se um esquilo estudasse entre crianças. É muito provável que ela seja um esquilo e que ninguém perceba a diferença. Que traste. Diz: Meu pai é o Paláshi.

Chegou minha vez de buscar o papelzinho. Por favor, conservem-se quietos, meus analfabetos adestrados. Ah, mas que surpresa desagradável! Mulher-montanha errou o nome do meu pai.

— Este não é o meu pai.

— É sim, meu amor, é sim.

— Eu sei o nome do meu pai, como sei o nome dos barraqueiros no caminho de casa, como sei que não quero pegar na mão da empregada e do mesmo jeito que sei que não devo olhar para cima se cuspirem na minha cabeça.

— É este o nome do seu pai, meu querido. Nós temos registros aqui na escola, não tem como estar errado. Nós conferimos.

— Não sei o que são registros, mas sei que eles não podem saber mais do meu próprio pai do que eu.

A Deborah começou a rir. Eu amassei o papelzinho com o nome falso e o arremessei no rosto da Olga. Xinguei a professora, mas ela apenas sorriu.

— Calma, meu amor, meu querido. Me diga o nome do seu pai. Ah, é? Bom, então. Deixe que eu escrevo no papelzinho. Ah, eu já sei o que aconteceu. É que você chama seu pai pelo sobrenome.

— Não sei o que é sobrenome, mas sei que ele não pode saber mais do meu próprio.

—Não, meu amor, você chama o seu pai pelo segundo nome. Me diga uma coisa, você não sabe como chama o seu pai?

Nome no papel era falso. Eu queria lembrar melhor da história, mas é aqui que tudo fica. Juro que é só aqui. Porque eu sempre lembro de tudo, qualquer coisa que advém no espaço-tempo passa a fazer parte de minha constituição; eu nem quero, mas fico lembrando de cada coisinha que sobrechega. E eu nem. Foi aí que o André meteu a fuça no chão?

Disso eu lembro muito bem: a gente dava pulos da arquibancada até o travessão do gol, balançava na estrutura e impulsionava o corpo. E não fui eu quem largou sem querer o travessão e caiu de cabeça, foi o André. Corri para pedir ajuda. Lembro muitíssimo bem. Saí disparado pelos labirintos da escola, por cima da pontezinha, pelo viveiro. Aí eu fiquei na parte de trás da escola onde mantém pneus de caminhão, por onde eu passei engatinhando. Eu devia estar procurando ajuda, mas é que tem quatro pneus na vertical, e se você passa pelo campo de areia tem que passar dentro dos pneus para não dar azar. Eu teria pedido ajuda se encontrasse adultos, mas não os vi. Só apareciam as faxineiras, as cozinheiras e o jardineiro, e todo mundo sabe que eles não são adultos de verdade. Sinuei a topografia do colégio. Fiz o percurso duas vezes e não encontrei ninguém, às vezes eu parava para ver a piscina, pois estavam caindo umas folhas e estava bem bonito, aquele azul gelatinoso, mas esse tipo de coisa não dá para explicar às pessoas; você vai tentar explicar que a gente tem que ficar parado olhando coisas bonitas, e elas vão querer te dar remédio ou um tapa na cara, mas nunca, nunca, nunca, nunca mesmo um beijo. Começam a dar risada, bando de hienas com cãibra; ou vão só ficar olhando para você com cara feia e dizendo que você tinha que ter pedido ajuda pra salvar seu coleguinha e tal e tal e coisa. Puf, dá uma canseira! Eu sei muitíssimo bem o que eu tinha que fazer, mas não havia adultos por perto. Os adultos desaparecem após o meio-dia. Para onde vai a Mulher-montanha? Tem o Djalma que, penso eu, é adulto, mas ele não estava lá no momento. Não sei onde ele estava, o que é estranho, pois eu lembro de tudo que acontece. Teve mais coisa. O André acho que ainda tava estirado na quadra enquanto eu fiquei olhando o. Podia pedir ajuda ao fotógrafo que está sempre por ali com uma câmera preta balançando na frente do peito. Mas ele não é adulto, né? Ele anda meio encurvado, quase não enxerga nada, não obstante seja fotógrafo. Corri mais e penso que acabei esquecendo do André, do som oco que escutara. Um maratonista profissional, vendo passar as janelas das classes da primeira e segunda séries, vazias. Não sei como o removeram da quadra, quem o tirou dali. O André estava uma confusão de membros como o que acontece quando se assopra uma aranha de banheiro. Ele bateu com força a cabeça no chão do ginásio e foi esquisito porque fez um barulho diferente daquele que faz a bola de vôlei. Os olhos fecharam bem devagar, sabe?, como se soubessem que dessa vez seria para sempre. Antes de sair para pedir ajuda, vi os outros meninos repuxando as pálpebras dele, revelando bolas brancas, essas sim parecidas com as de vôlei. Aconteceu que André ficou sumido por muito tempo. Depois voltou. Parecia o mesmo, sem histórias impressionantes e sem curativos. Feliz, até, ou mais feliz do que antes. Por muito tempo segui André, observei-o, convencido de que algo nele mudara. Minha vontade era encontrar em sua nuca a rachadura da queda. Acabou que nunca mais falei com André porque ele. Acho que ele foi para. Foi ele que caiu nesse dia e ficou todo depenado?

— Conheço o caminho de casa, o nome dos barraqueiros, sei o nome de qualquer número que a senhora se atreva a escrever no quadro. Posso não entender tanto assim sobre

ser corajoso e não um cafajeste ou não saber se o André ainda é o André. Mas sei qual é o nome do meu pai, porque é por esse nome que ele atende quando eu chamo!
Pode jogar essa água com açúcar na senhora sua mãezinha e não vou sentar no seu colo, Zuzu, digo, Mulher-montanha. Sobrou a mim mostrar a todos o que sei. Vou ao quadro, escrevo a giz 588. E digo:
— Quinhentos e oitenta e oito.
Olho para Deborah. Ela não está mais lá. Ela nunca estudou na minha sala. Era do Pré-3? Escrevo outro número — mais difícil — e o canto. Zuzu só faz sorrir e me chamar de Meu querido, Meu amor. Eu queria muito, mas muito mesmo, saber o que amor tem a ver com isso! Então toma:

seu Jaime, seu Roque e um outro Djalma
há um menino de rua que mora na árvore, ele mora lá,
ele cospe nas pessoas. Parece um sagui
os peixes morrem ao respirar detergente
os indianos usam muito tempero para esconder
o sabor de carne podre, bicho podre
uma festa como nunca se viu!
quando é madrugada, só há listras coloridas na TV
eu as vejo iluminando as pernas do meu pai
algo sobre pinguins, esquimós e neve
a cor branca, dezenas de tonalidades
centenas de nomes
algo sobre verdes
certos moluscos se regeneram
Evite a árvore. Duas casas. A quadra poliesportiva.
Atravesse a rua. O Djalma.

Incontáveis vezes vi os pés do meu pai iluminados pela estática da TV, mas não sei o que é que eu preciso lembrar. Escutei um ronco sonoro e soube que ele estivera assistindo a um drama policial há pouco, muito provavelmente sobre um pai que tem o filho raptado e agora fará de tudo para reavê-lo. Pernas finas e curtas, balançando mesmo enquanto dorme, enquanto dormem. Perguntar o nome do homem àquela altura me parecia no mínimo indelicado. Detesto a Mulher-montanha, ela que entre no moedor de carne junto com os pequeninos pascácios. Nunca mais sento no colo dela. Perdeu, senhorita! Os nomes continuam a sair da caixa. Quantos não devem estar equivocados! O problema é que meus capatázios são analfabetos e nunca vão perceber; e se algum deles por um insofismável golpe de sorte souber fonetizar uma só sílaba que seja será medroso demais para apontar o erro. Quem vem lá? Diretora e faxineira adentram a sala com a sutileza dramática de um peido de baleia. Chamam-me à secretaria. Que fiz eu? Mas logo eu, mulher estúpida? Quem te deu licença para abrir escola, iletrada? É uma pena que as coisas vivas não sejam um tantinho mais resistentes, uma pena. Eu, por exemplo, morro de medo de meu coração rolar para fora do estojo quando durmo de lado, como caroço de abacate saltando da polpa. Ainda mais frágeis que eu são os peixes da secretária. Morreram todos. Não sei se dormiam. Falaram ao telefone com meu pai e ele está a caminho? Ótimo, quem sabe assim desfazemos este mal entendido nominativo. Espero na secretaria, sim, contanto que não me toquem. Olha, já falei, enfia essa água com açúcar na. Lembro de tudo desse dia. Papai está lá. Gosto de vê-lo falar com as pessoas que não participam da sua vida. Olhe, veja bem, olhe, veja bem. Ele é um menino, um menino que. Um menino bom. Faz todas as tarefas, a gente nem pede. E ele parece que entende tudo, eu fico besta! Quanto aos peixes. Veja bem. Um menino que.

    Se eu fizer muita força, quem sabe prender a respiração, consigo lembrar tintim por tintim. Pedi que ele me levasse embora, não queria mais ficar ali. Papai viu Mulher-montanha e as crianças. Eu lembro. É muito esquisito quando o pai da gente entra na nossa sala de aula. Isso nunca devia

acontecer, porque a sala não vai nunca mais voltar ao normal. Tudo bem, senhor. Eu soube. Achei muito estranho e tenho cá para mim que não foi ele. Não é do seu feitio.
Então Papai e Zuzu olharam para mim ao mesmo tempo, como se água e óleo copulassem dentro de um único globo ocular. Foi aí que todas as penas saíram esvoaçando de mim. Ou isso ou.

II

Ele está inclinado sobre a bancada numa varanda. Escuta-se o som distante da vida noturna: uma ambulância, um grupo de três amigos bêbados que canta e chuta o que encontra pelo chão, poucos carros vez em quando. Há um copo contendo dois dedos de uísque perto de sua mão. Ela passa pelo vão da porta e vai até ele, repousa mãos e o rosto em suas costas, colando os lábios na base do seu pescoço. Ela põe a mão direita dentro dos shorts dele; percebe-se o movimento sob o tecido segundos depois.

ELE
Tudo fácil quando não tem mais importância.
ELA
(voz rouca) Também não precisa falar assim. Só deixa o clima mais pesado.
ELE
Hum.
ELA
Conseguiu pensar outra coisa?
ELE
Pensei, mas acho que ainda nem é.
ELA
O quê? Já pode dizer? Se não conseguir ainda, não precisa.
ELE

Não, é que teve a vez que eu não lembrava o nome de papai, mas nem é isso. Acho que não é. É que ficou chegando pra mim esse dia.

ELA
Você já me contou?

ELE
Muito provavelmente. Não lembra?

ELA
Lembro algo assim, mas não sei, sabe?

ELE
Alfabetização. Ou pré. Só que não é que eu não lembrava, é que eu não sabia mesmo. É que eu chamava ele pelo segundo nome, só. Mas, assim, acho que não é isso, não, só que provavelmente é dessa época, vai que até na mesma semana ou do mesmo dia.

ELA
Hum.

ELE
Ou isso ou eu já tava fingindo lá, também, que não lembrava. Pelo menos eu acho que não tô fingindo agora que não lembro, ou que não sei se é isso que eu quero ou que preciso lembrar. Assim, tu não acha, né?

ELA
Que é isso do nome do teu pai?

ELE
Não. Que eu tô fingindo agora.

ELA
Não. Acho que tá não.

ELE
E lá da época?

ELA
Aí já não sei. Mas. Tu tava como? Chegou a ficar angustiado na hora, ficou furioso e tal, querendo bater em todo mundo? *(rindo)* Queria atolar o povo num moedor de carne?

ELE

Não sei. Não dá pra saber. Eu acho que eu já ficava fingindo na época. É, acho que já atuava. Mas eu não sabia o nome dele, não, isso é verdade. O que eu não sei é se eu tava fingindo que tava com raiva, se eu precisava parecer revoltado na frente da sala toda, ou se eu devia não ter me importado. Na época, eu já não sabia qual é o jeito certo de se ser em cada hora, então eu já tava fazendo essas coisas de. É provável que tenha ficado com vergonha, só. Mas se foi vergonha, certamente não demonstrei. Se atuei, não sei. Assim, todo mundo sabe o nome do próprio pai, né? É meio que pressuposto que a gente sabe o nome daquele sujeito. E tava lá as criancinhas indo pegar os nomes na caixinha.
ELA
(quase feliz) Ah, é, é, é. Você me contou. Aliás, até hoje não entendi como pegavam um papel aleatoriamente e saía o nome exato dos respectivos pais.
ELE
Também não sei. Vai que tinha mais coisa. Enfim, já sei que não era isso que eu queria lembrar. Mas é por ali. Hoje isso me veio o tempo todo. Ficou chegando as imagens, sabe? Tipo, o fotógrafo velhinho, o Djalma. Até o André se estatelando na quadra, uma coisa que eu não pensava há séculos. E foi tudo no mesmo dia que aconteceu. Tinha os peixes também. Então é por ali, nessa época. Acho que no mesmo dia porque eu ficava lembrando de andar pra casa, sabe? O caminho, os feirantes. Vai que é um negócio que eu nunca vou lembrar. Sou tipo personagem de filme ruim que só aprende a lição quando já nem importa mais, sabe? Aí eu fico aqui maluco tentando lembrar do troço, e quanto mais eu me aproximo mais a coisa voa pra longe. Um babaca correndo atrás do. E a primeira lição da vida é que quanto mais você quer algo, menos você terá. O troço foge de você só porque você quer. Se você quiser entender a vida, pare com a Filosofia e meta a cara na Física. Chega de Nietzsche; um viva a Newton e Hooke! É magnetismo puro. Está claro

que você e seu desejo são propriedades iguais. Você precisa se tornar o oposto do que é para conseguir ser o que é, entende? Ergo, a vida se limita a um jogo de atuação. Ganha quem finge melhor ser aquilo que não é. Como não aprendi essa merda ainda? Como? Será possível que pra cada mísera coisinha nesta vida de bosta eu vou ter que ser maduro e plácido e desapegado? Tudo é uma lição a aprender! Deixa eu lembrar da merda que eu quero lembrar, droga! Deixa eu aprender minha lição logo, eu tô pronto! Mas não. Só pode aprender no último minuto. Só no finalzinho quando não importa mais. Tudo é fácil se não importa mais. Depois você morre, ou tá inválido, com reumatismo, ou tá amargo, ou perdeu todo mundo que amava e todo dinheiro.

ELA
(passando a mão nos cabelos dele) Foi na escola?

ELE
Pode ter sido. Pode ter sido no caminho de casa também. Sei que não foi em casa. Não me veio nenhuma imagem da minha casa esses dias. Teve algo na piscina, acho que me machuquei, mas em casa mesmo nada.

ELA
Tenta relaxar mais.

ELE
Mais? Tô tentando muito já. Sinto que tô chegando perto, sabe? Acho que relaxar só ajuda depois que eu alcançar meu limite, fizer o esforço máximo e me esgotar. Só aí vou ficar inundado de lembranças, e o inconsciente faz o resto do. Ah, merda, acho que tô fingindo de novo.

ELA
Calma.

ELE
Dá muita raiva. É automático. Tô aqui falando com você, tô dizendo o que eu acho que quero dizer de verdade e, de repente, começa a sair um texto decorado, umas falas que vêm das estrelas e fazem mexer minha boca como se hou-

vesse umas cordinhas puxando minhas mandíbulas. Aí eu me vejo fora de mim atuando. E só muito recentemente comecei a notar que eu fazia isso. Mas era melhor antes; agora eu fico percebendo o tempo inteiro e é um saco.
ELA
Acontecia mais alguma coisa nesse dia ou era só isso mesmo de não lembrar o nome?
ELE
Tem algo, mas fica voando pra longe.
ELA
Hum.
Escuta-se som de um ônibus. Somente agora ela retira a mão de dentro dos shorts dele. Ele bebe um gole do uísque. Ela tem compleição pensativa.
ELA
Conta de novo da sua primeira namoradinha. Gosto tanto de ouvir.
ELE
Só porque eu me humilhei todo?
ELA
Acho bonito. Queria ter conhecido você nessa época.
ELE
Você teria me tratado do mesmo jeito que ela. Diz isso agora porque deseja meu oposto de hoje. Lá, na época, teria me rejeitado. Sempre oposições, sempre fingimento: não esquecer.
ELA
Não. Acho que você era mais de carne e osso.
ELE
Hum.

ELA
Acho que era diferente conversar com você. Queria ter tido a oportunidade, antes de. Acho que tinha um monte de coisas pra descobrir e.

ELE
Para, por favor.
ELA
Tá. *(suspirando)* Falou com seu pai?
ELE
Sim.
ELA
Pediu?
ELE
Não.
ELA
Hum.
ELE
Tem um monte de coisa sua na despensa ainda. Vai dar pra levar tudo?
ELA
Vai ter que dar, né?
ELE
Não sei pra que malas? Não tem coisa mais triste que uma mala, ter que encher de coisas e.
ELA
Queria tanto entender o joguinho dos pais.
ELE
Hum?
ELA
Assim, como é que o moleque põe a mão na caixinha, retira um papel e sai justo o nome do pai dele?
ELE
Acho que era fingimento. Só eu sabia ler aos cinco anos de idade. Não tava o nome do meu pai lá, tava qualquer outra coisa.
ELA
Você não lembra o que tinha?
ELE
Era qualquer coisa. Sei lá, vai que Zuzu picotou páginas de uma revista e colocou lá na caixinha.

ELA
(rindo) Nome doido. Zuzu.
ELE
Aí a gente fingia que lia. Zuzu adorava essas coisas de mostrar o que íamos aprender na alfabetização. Ela fazia contas de somar e ensinava os números.
ELA
Tá, e você sabia todos os números e blá, blá, blá, e fazia as contas de somar, e ai meu deus do céu! *(feliz)* Já chega, né?
ELE
Mas eu sabia!
ELA
Tuas histórias de saber as coisas não são boas. Eu gosto mais quando tu não sabia de nada, tipo a primeira namorada.
ELE
Talvez ter uma filha.
ELA
(soltando ele) Sai fora.
ELE
Tá. Esquece. Não posso mais fugir lateralmente. Tenho que pensar em outro plano de fuga. *(olhando para o céu)* Algo vertical, quem sabe. Ter uma filha é uma fuga vertical. Tira você da topologia, digo. Você deixa de existir de alguma maneira meio profunda. Você passa a ser outro, o pai da sua filha, o que é, convenhamos, muito melhor do que ser o que se é.
ELA
Ou pai de um filho.
ELE
Sai fora.
Ela também se inclina na bancada.
ELE
Talvez morrer.
ELA
Tá. Tá bom, parou a bebida.

Ela afasta o copo. Ele a beija no rosto. Escuta-se o cantar de um pássaro.
ELE
Mas já vai amanhecer? Nem vi.
ELA
Sim. É tarde já.
ELE
E nem lembrei.
Som de dois pássaros cantando. Depois de três. Dois cantos são idênticos em melodia e cadência; o terceiro tem melodia diferente.
ELE
Pode ser o passarinho.
ELA
Hein?
ELE
No viveiro. Tinha o viveiro no pátio. Mas foi nesse dia?
ELA
Tu já me contou essa?
ELE
Não sei dizer. É que tinha um passarinho azul no viveiro. A barriguinha dele era mais clara, as asas azul-escuro ou verde-jade, com uns traços pretos. Tinha uma marca negra nos olhinhos também, como se usasse uma máscara do Zorro. Tinha uma cara séria, sabe, meio sisudo, acho que por causa do traço no olho ele passava essa impressão.
ELA
Pensou nele hoje?
ELE
Não. Só agora. (*sorrindo*) Será que é?
ELA
Conta. Conta.
ELE
Espera. Tá. Na verdade, eu pensei nele ano passado. Pô, eu vivia pensando nisso ano passado. Droga, será que tô atuando?

ELA
Tá não, amorzinho. Conta, vai.
ELE
Pensava tanto nele que até pesquisei no Google, até. Se chama Sanhaçu-cinzento ou Sanhaçu-azul. Foram os mais parecidos que encontrei pelas imagens, mas não tem como saber. E eu lembro que eu olhava o viveiro como todo mundo, né? Assim, a gente olha de passagem e depois vai fazer coisas normais de criança, jogar bola de gude, chutar areia na cara do coleguinha.
ELA
Cuspir na coleguinha.
ELE
Só que eu comecei a notar o passarinho azul porque um dia o pescoço dele tava pelado. Não tudo, sabe? Mas, assim, um círculo pequeno embaixo do bico. No peito, na verdade. Tava só a pele dele, bem vermelhinha. E eu achei muito esquisito. E ele tava mexendo muito rápido a cabeça, mais rápido do que o normal. Tava se coçando, sabe, bem no lugar que já tava depenado. Aí eu cheguei mais perto para olhar e a região tava bem irritada. Isso era na saída da aula. Então fui para casa, mas já no primeiro dia não me saiu da cabeça. Quando eu cheguei na escola no dia seguinte, fui direto olhar o viveiro. Tava maior! A parte depenada agora dava a volta quase inteira no pescocinho dele, como se fosse um colar de carne viva. E ele tava mais agitado ainda. Parecia que queria se coçar o tempo inteiro. Não parava de se mexer. Neste mesmo dia, no recreio, eu fui perguntar ao Djalma, era o zelador, o que tava acontecendo com o passarinho. Djalma falou que não podia sair da frente do portão naquele momento. Ele olhou de longe; eu fui lá no viveiro apontar qual era. Ele balançou a cabeça, sabe, como quem diz: Ah, sim, esse tá mal mesmo. Ele falou que devia ser piolho. Eu achei muito estranho, pensava que só cachorro e gente tinha piolho. Ele falou que podia ser que tava cho-

vendo muito e que não batia tanto sol no viveiro. Então eu perguntei o que iam fazer com ele. Ele só mexeu os ombros, sabe? Assim: Vai fazer nada.
ELA
Poxa.
ELA
Eu fui na secretaria. Nunca tinha ido lá pedir coisa. Aí falei do passarinho, a moça começou a sorrir. Deve ter achado *fofo*. Eu falei que era sério. Ela respondeu que ia falar com a diretora e que não podia fazer nada além disso. Eu pedi ao Djalma de novo para fazer algo, mas ele repetiu que não podia sair do portão. Eu procurei no viveiro um lugar de abrir, mas era fechado a cadeado. Aí fui na secretaria pedir a chave do viveiro, mas ninguém sabia dela. Djalma também não sabia. Ele tinha um molho de chaves no cinto, mas falou que nenhuma era do viveiro porque não era ele quem cuidava e que o moço só vinha de vez em quando. Pediram só pra eu ficar calmo. Então deu hora de ir para casa de novo. Mas aí, quando eu voltei no dia seguinte, porra! Ele tava todo descabelado. Só se via umas peninhas azuis e pretas saindo, mas a maior parte dele tava depenada. Tipo frango de padaria mesmo. Aí fui direto na secretaria. Lembro dela dizendo: Oh, meu amor, titia não pode ir agora.
ELA
Que idade tu tinha mesmo?
ELE
Ia fazer seis. Eu acho. Nesse dia, Djalma nem tava lá perto. Aí falei pela primeira vez para um colega. Acho que só tinha um amigo na alfabetização, o Augusto. Mas ele não ligou muito. Primeiro, ficou impressionado quando viu o passarinho, depois acabou achando engraçado. A cabeça do passarinho ainda tava azul e com a máscara de zorro e as asas tinham penas, mas o corpo, com exceção de umas coisas pulando para fora, parecia o de um pinto recém-saído do ovo. E ele continuava se coçando! O Djalma não aparecia. O

telefone não parava de tocar na secretaria e ninguém podia falar comigo. Augusto pelo menos ficou me seguindo. Eu tentei partir o cadeado com uma pedra. Aí chegou uma professora pedindo pra eu parar. Ela disse que tinha que esperar o Djalma abrir o viveiro pra salvar o passarinho. Eu falei que ele não tinha a chave. Aí a tia disse pra eu ficar calmo que era só piolho, que não tinha muito problema e que na próxima semana o bichinho já ia estar plumado de novo. Mas eles não tavam enxergando. Ninguém tava enxergando! O passarinho já tava pelado e todo ferido e continuava se coçando, não tinha nenhum piolho mais ali. Ele ia continuar se coçando até a pele começar a se soltar. Tava na cara! Era só olhar o bico fazendo pontinhos vermelhos na pelezinha. Aí ela falou de novo sobre tempo úmido. Aí eu. Eu comecei a.
ELA
Oh, meu amor.
ELE
É que eu não sabia por quê, entende? Como é que pode? Era só abrir e cuidar dele. Ou deixar ele ir pra floresta. Ou qualquer coisa. Era tão fácil. Era só abrir, pegar uma chave e abrir. Enrolar ele numa toalhinha, levar para um canto seco, comprar remédio de piolho, não sei. Se não fosse piolho, podia fazer outra coisa. Com certeza têm vários remédios pra passarinho. Deve ter um monte de remédio, né?
ELA
Com certeza.
ELE
Aí, enquanto eu falava ele ainda tava se bicando todinho, e a cabeça dele não parava de se mexer, sabe? É que ele estava ficando louco. E ninguém fazia nada. Porque coçava o corpo dele o tempo todo e ele tinha que ficar se bicando, e tava ficando maluco e ninguém nem pra abrir o cadeado e deixar ele fugir. Só abre o cadeado, merda! Não precisa fazer mais nada, não, já que é tão impossível assim cuidar de uma criatura que tá ficando maluca!

ELA
Meu deus, e o Djalma chegou?
ELE
Não.
ELA
E o que aconteceu?
ELE
Aí todo mundo foi pra sala porque tocou o sino. Tia Zuzu veio ficar comigo um pouco na secretaria. Ela me deu água com açúcar. Eu tava chorando muito. Ela falou que Djalma tava ocupado no outro endereço da escola, e que as secretárias tavam procurando a chave, mas que ninguém sabia qual era nem onde tava. Eu perguntei a tia Zuzu se ela não tinha visto o passarinho e ela falou que não, que não sabia. E só deu mais vontade ainda de chorar porque ele tava ali se comendo e tinha gente que nem tinha visto. Dá nem pra entender. Se você passa pelo viveiro, você olha, ou tô errado? Tavam tentando um monte de chave no cadeado e nenhuma servia. Tia Zuzu perguntou se eu não queria que chamasse minha mãe pra me levar pra casa porque eu tava muito nervoso. Mas eu não queria ir antes de encontrarem a chave, sabe? Porque eu sabia no fundo que uma vez que fosse embora ninguém ia mais nem lembrar da chave, do viveiro. Aí, dava pra ver lá da secretaria. Eu mostrava a tia Zuzu. Eu dizia olha, olha. Aí tava o passarinho com a cabeça louca, virando pra todo lado e se bicando. Os olhos quase sempre fechados e o movimento que fazia era muito rápido. Ela dizia que aquilo era normal. Eu falava que não podia ser normal, nenhum bicho fica girando a cabeça pra todo lado e se mordendo sem parar. Falei que ele ia morrer e que ela nem ligava. Aí ela me abraçava como se aquilo fosse me fazer bem. Eu fiquei com raiva e larguei dela. Essa gente babaca toda pensa que tem que abraçar quando alguém tá nervoso.

ELA
Tu continuou na secretaria?
ELE
Eu não consigo saber muito bem essa parte. A essa altura já tinham ligado pros meus pais e tudo. Disseram que papai tava a caminho. Eu fui pegar uma pedra outra vez pra tentar arrebentar o cadeado. Aí dessa vez tia Zuzu pediu pra deixarem eu tentar. Aí fui lá na parte de trás da escola onde tem os pneus de caminhão porque eu sabia que lá estavam as pedras maiores. E encontrei mesmo uma bem grandona, tão grande que eu mal consegui carregar. Lembro que Augusto trouxe a pedra comigo. Aí eu joguei ela no cadeado e pela primeira vez fez uma rachadura. Toda vez que eu metia a pedra no viveiro o passarinho parava de se bicar um segundinho, mas voltava logo em seguida. No quinto arremesso, eu já tava conseguindo segurar a pedra bem fácil. A diretora já tava lá, e ficava pedindo o tempo todo pra eu me acalmar, e dizendo que ela já tinha ligado pra um profissional vir abrir o viveiro e salvar o passarinho. Aí teve uma faxineira estúpida lá que falou que eu tava agitando ainda mais o passarinho. Aí deu muita vontade de chorar. Mas meti com toda força a pedra no cadeado. Fez um barulho de clique, mas não abriu. Então tive a ideia de bater no cadeado com duas pedras, sem soltá-las, sabe? Tia Zuzu disse que eu podia tentar. Mas na terceira tentativa eu machuquei a mão. Aí fez um corte perto do pulso. Tia Zuzu pediu pra eu parar, e ela já tava meio chorando. Mas depois não sei direito.
ELA
Chegou alguém pra abrir? Chegou teu pai?
ELE
Eu. Eu. Ah, foi. Eu comecei a tentar separar as tirinhas de ferro com os dedos. Porque parecia que se colocasse muita força ia dar pra entortar o ferro e abrir espaço suficiente pro Sanhaçu passar. Aí botei muita intensidade, mas a diretora mandou eu parar porque já tava sangrando os dedos. Aí

teve um monte de meninos que ficaram jogando pedra no viveiro e no cadeado tentando abrir também. E já tinha um monte de menina chorando. Mas eu não entendia porque tavam chorando se elas nem sabiam que ele tava se depenando. E aí tinham algumas pedras que passavam porque eram pequenininhas e acabavam batendo na casinha de passarinhos e na comida deles. Eu fiquei pedindo pra parar, mas aí já tinha muita gente atirando pedra. Tia Zuzu ficava querendo me pegar no colo o tempo todo. Não lembro direito, mas acho que foi nisso que papai chegou.
ELA
E aí?
ELE
Aí parece que ele já sabia o que tava acontecendo. Ele se ajoelhou e tirou o chaveiro. Ele tinha um canivetinho bem legal na chave, sabe? Ele tava relaxado e risonho. E todo mundo ficou mais calmo. Aí ele falou vamos ver se eu consigo abrir isso aqui, vou reviver meus dias de ladrão de carro. E deram risada, mas na hora eu não entendi. Depois teve o barulho de um clique. Só que mais forte que o primeiro clique. O cadeado abriu. Aí ele mesmo colocou a mão lá e pegou o Sanhaçu.
ELA
Você já lembrava essa parte?
Com um movimento repentino, ele bate no copo de uísque, que cai no chão e se estilhaça.
ELA
Deixa. Deixa, não se mexe. Daqui a pouco eu apanho. Cadê tua sandália?
Os dois se movem com cautela para o lado oposto da varanda.
ELE
Uma fuga vertical. *(olhando para o céu)* Virar outra coisa. E se a gente tivesse uma filha?
ELA
Você sabe que pode sair um menino, né?

ELE
Então deixa.

III

Você e sua primeira namorada, Sofia. Uma tarde de sorvetes, um passeio na praia, uma discoteca. Você precisa a cada segundo lembrar de ser o exato contrário de tudo que você é. Para que ela não vá embora. Então, você memoriza os bilhões de meandros do universo. Sim, porque tudo que existe desse lado de cá é o negativo de você. Você começa a respirar pelo nariz, usar sintaxe nas frases e o corpo como guarida das sensações que tiver a sorte de aprisionar. E mesmo que estas sejam proposições estapafúrdias, você consegue encená-las à perfeição. Melhor do que os que cá vivem. Mas nada adianta. Ela não gosta de você, não de verdade. Se pudesse, você trancaria Sofia numa gaiola, tiraria-lhe comida e plumagem até que fosse impossível a você também gostar dela. Você quer raptá-la, trancafiá-la. Você quer cuspir na cara dela, chamá-la de puta, de burra, você quer abrir a cabeça dela e mexer na fiação. Você quer articular a boquinha dela para que aprenda a falar eu gosto de você, eu gosto tanto de você, eu gosto só de você. É a última vez, você decide, que tentará fazer parte das coisas que existem de verdade. Enquanto isso, todos os passarinhos e moluscos, todo mamífero e seres sinantrópicos, tudo que pulsa, mas também o que é perene, aguarda alegremente pelo dia em que você vai dizer Não faz diferença se não gostam de mim. Não é maravilhoso?

EDITORAMOINHOS.COM.BR

Este livro foi composto em tipologia Meridien no papel pólen bold para a Editora Moinhos, em fevereiro de 2018, enquanto Jorge Ben Jor cantava *Balança Pema*.